Comment découvrir les anges qui nous protègent

Ce livre appartient à

____

Ce livre est une réédition revue et augmentée de deux livres du même auteur:
Les anges, messagers de Dieu (publié en 1995),
Les anges tels que présentés dans la Bible (publié en 1995).

ÉDIMAG
PRÈS DU PUBLIC

C.P. 325, Succursale Rosemont
Montréal (Québec), Canada H1X 3B8

Courrier électronique: info@edimag.com
Internet: www.edimag.com

Infographie: Echo International inc.
Correction: Gilbert Dion, Paul Lafrance

Dépôt légal: deuxième trimestre 2009
Bibliothèque et Archives nationales du Québec
Bibliothèque et Archives Canada

ISBN : 978-2-89542-306-5

Québec Canada

L'éditeur bénéficie du soutien de la Société de développement des entreprises culturelles du Québec pour son programme d'aide à la promotion du livre.

Nous reconnaissons l'aide financière du gouvernement du Canada par l'entremise du Programme d'aide au développement de l'Industrie de l'édition (PADIÉ) pour nos activités d'édition.

Sylvain Charron

Comment découvrir les anges qui nous protègent

ÉDIMAG
PRÈS DU PUBLIC

NOTE: Les citations reproduites dans ce livre proviennent de la traduction œcuménique de la Bible, comprenant l'Ancien et le Nouveau Testament — traduits sur les textes originaux hébreux et grecs. Nous avons préféré celle-ci aux autres puisque cette version est commune aux diverses confessions chrétiennes.

DISTRIBUTEURS EXCLUSIFS

POUR LE CANADA ET LES ÉTATS-UNIS
LES MESSAGERIES ADP
2315, rue de la Province
Longueuil (Québec) CANADA
J4G 1G4
Téléphone: 450 640-1234
Télécopieur: 450 674-6237
www.messageries-adp.com
Courriel: adpcommercial@sogides.com

MESSAGERIES adp inc.
Une compagnie de Quebecor Media

POUR LA SUISSE
TRANSAT DIFFUSION
Case postale 3625
1 211 Genève 3 SUISSE
Téléphone: (41-22) 342-77-40
Télécopieur: (41-22) 343-46-46
Courriel: transat-diff@slatkine.com

POUR LA FRANCE ET LA BELGIQUE
DISTRIBUTION DU NOUVEAU MONDE (DNM)
30, rue Gay-Lussac
75005 Paris FRANCE
Téléphone: (1) 43 54 49 02
Télécopieur: (1) 43 54 39 15
Courriel: dnm@librairieduquebec.fr

DNM

ANGE n.m. (gr. *aggelos*, messager). Être spirituel, intermédiaire entre Dieu et l'homme. — *Ange gardien*, attaché à la personne de chaque fidèle pour le protéger, dans diverses confessions chrétiennes, particulièrement dans le catholicisme.

Le Petit Larousse (2008)

DU MÊME AUTEUR :

Les anges tels que présentés dans la Bible, © Primo, 1995

Les anges, messagers de Dieu, © Primo, 1995

Tel que je suis maintenant, © Évangélisation 2000, 1998

Demandez et vous recevrez, © Évangélisation 2000, 1999

Les Dix Commandements, © Évangélisation 2000, 2000

Ma rencontre avec l'Abbé Pierre, © Évangélisation 2000, 2001

La décision de croire, © Évangélisation 2000, 2002

Chemin de croix, © Évangélisation 2000, 2002

Le Rosaire, © Évangélisation 2000, 2002

Pourquoi je suis toujours catholique ?, © Évangélisation 2000, 2003

Tel que je suis, je viens à toi !, © Évangélisation 2000, 2003

Prier, c'est si simple, © Évangélisation 2000, 2004

Jésus 2005, © Évangélisation 2000, 2005

Jésus 2006, © Évangélisation 2000, 2006

La vie après la mort, © Évangélisation 2000, 2006

Le Rosaire - Retrouver le Cœur de Marie,
© Évangélisation 2000, 2007

Le pouvoir de la prière, © La victoire de l'amour, 2007

Derrière le secret, c'est Dieu, © La Victoire de l'amour, 2008

Demandez et vous recevrez, © Édimag Inc, 2008

Derrière le secret, c'est Dieu, © Édimag Inc, 2008

Lourdes, Sainte Bernadette Soubirous, © La Victoire de l'amour, 2008

Notre-Dame de Guadalupe, © La Victoire de l'amour, 2009

Table des matières

Introduction

Depuis quelques années, on constate un regain d'intérêt concernant l'existence des anges, et plus spécialement des anges gardiens. Cet intérêt n'est pas qu'une manifestation régionale puisque, quasi simultanément, des livres ont été publiés un peu partout dans le monde. Plusieurs, parmi ceux-là, sont devenus des best-sellers. On peut aussi penser que cet intérêt n'est pas un phénomène ponctuel. L'existence des anges passionne depuis toujours.

Les anges sont en contact permanent avec chacun de nous. Ils partagent notre univers. Ils ne nous surveillent pas du haut du ciel. Ils sont près de nous, même si nous ne pouvons pas les voir. Devenir conscients de la présence des anges dans nos vies n'est pas vraiment difficile, mais cela exige une grande recherche sur soi et une patience infinie.

Les anges nous inondent constamment de leur amour et de leur sagesse. Nous baignons dans leur lumière. Nos corps, essentiellement différents, pourront probablement ne jamais se toucher, mais nos cœurs le peuvent, eux, avec la plus grande des facilités. Si nous travaillons à améliorer cette sensibilité à la présence des anges, cela facilitera les choses.

Depuis des années que je travaille et que je fais des recherches sur ce sujet, je crois qu'un certain nombre de facteurs favorisent la manifestation des anges. Je dirais avec certitude qu'il y a au moins quatre de ces facteurs qui déterminent si oui ou non nous sommes de ceux qui pourront avoir le privilège d'avoir un contact avec leur ange gardien. Les voici:

- Tout d'abord, il faut que cela fasse partie du plan de Dieu.
- Il faut que nous comprenions l'essence même de ce que sont et font les anges, et acceptions qu'il puisse y avoir des limites à leur intervention.
- Il faut que les motifs qui nous animent soient purs.
- Enfin, il faut que nous soyons prêts à faire une telle rencontre.

Mais au-delà de ces quatre éléments, il faut se préparer à cette rencontre, et le faire avec beaucoup de sérieux et d'amour. Parce que si nous voulons communiquer avec notre ange gardien, nous devons apprendre le langage qui est le leur, celui de l'amour.

Et si nous avons réellement le privilège de rencontrer un ange, cela nous élèvera à un niveau de conscience supérieur, un niveau de conscience qui nous montrera à nous aimer tels que nous sommes et à ne jamais cesser de tendre vers l'amour. Nous nous sentirons alors plus libres d'aimer les autres en les considérant pour ce qu'ils sont vraiment, des parcelles divines eux aussi.

La rencontre avec un ange a un effet miraculeux aux bienfaits inestimables. Un miracle s'accomplit dans le cœur et dans l'âme. Ça n'a rien de spectaculaire. Mais c'est un renouveau qui embrase tout l'être de l'intérieur. C'est d'avoir la certitude absolu que l'univers est fait d'amour et que l'on est inclus dans cet amour merveilleux.

Première partie

Les anges: des êtres de lumière et d'amour

Chapitre 1

Les anges et nos croyances

Lorsque nous parlons des anges, nous le faisons en ayant une certaine image à l'esprit, une image construite à partir de nos croyances religieuses et culturelles. Si beaucoup de gens se plaisent à décrire les anges comme des êtres avec des ailes et un halo — généralement très beaux — mais aussi, et surtout, reflétant une grande sagesse, d'autres affirment que les anges sont des humains qui ont été transformés ou améliorés dans «la vie après la vie». D'autres encore croient que les anges sont simplement «différents» des humains. Enfin, certains, plus rares, soutiendront que les anges ne sont qu'une création de notre esprit.

Parce que les anges proviennent d'une autre dimension ou d'un ailleurs qui nous est inconnu, tout ce que nous pouvons dire à leur sujet pourrait être qualifié de simples spéculations basées sur une histoire religieuse, sur des traditions sacrées ou, plus simplement, sur notre propre intuition. Les livres sacrés de plusieurs grandes religions évoquent l'existence des anges; le judaïsme, le christianisme, l'islamisme, pour ne nommer que celles-là, décrivent effectivement des êtres qui ressemblent étrangement à ce que nous appelons des «anges». Pour plusieurs de ces religions ou de ces philosophies, ces êtres seraient en quelque sorte des formes d'esprits intermédiaires entre Dieu et les hommes.

Les anges ne sont peut-être pas «exactement» cela — on verra plus loin ce qu'ils peuvent être, ce qu'ils sont — mais je ne crois pas qu'ils soient une simple création artistique, littéraire ou picturale, ni une projection de l'esprit divin. Je crois en leur existence, en leur réalité, même si leur existence physique est régie par des contraintes différentes de celles que nous connaissons. D'ailleurs, si les anges n'étaient que des «inventions» de l'esprit, comment expliquer alors que les anges puissent nous «toucher» et changer nos vies de façon parfois radicale?

Pour moi, l'explication non seulement la plus simple mais aussi la plus plausible est celle qui nous est donnée à la lecture des textes anciens qui décrivent les anges comme une «race» différente des êtres humains, et incontestablement plus intelligente, plus puissante, plus sage et plus évoluée. Ainsi, je crois que les anges furent créés par Dieu pour servir sa divinité, non seulement en l'adorant — ce qui est souligné dans de nombreux passages de la Bible — mais aussi en l'aidant à garder un lien entre notre monde et le sien.

Si l'on croit à cette réalité, on admet aussi, du même coup, que les anges forment une société qui leur est propre et qui véhicule leur propres valeurs, leur propre hiérarchie et qui régit des activités qui leur sont particulières, mais qui sous-tendent une volonté et un but divins. Ils sont organisés pour pouvoir atteindre et réaliser ces objectifs et pour grandir dans leur propre conscience. Et si, dans plusieurs domaines, ils ne sont pas foncièrement différents de ce que nous sommes, car nous aussi nous sommes des créatures qui vivent en société, qui sont animées par une volonté et un but divins — même s'ils sont souvent inconscients l'un et l'autre —, et qui souhaitent aussi grandir, évoluer, il faut garder à l'esprit qu'aucun humain ne pourra jamais devenir un ange. Pourquoi? Parce que chaque être comme chaque chose est une création unique et que si nous pouvons, les uns comme les autres, changer et évoluer, cela doit se faire selon les lois naturelles qui régissent notre «race». Et si les Saintes Écritures affirment clairement que les anges sont une espèce distincte, il faut aussi croire que les humains ont une destinée et un potentiel d'évolution qui sont plus remarquables que ceux des anges. En fait, la réalité à laquelle il faut se faire, c'est que les humains et les anges évoluent, en ce qui concerne leur développement réciproque, sur une voie parallèle.

D'ailleurs, l'idée que les humains puissent devenir des anges est une croyance plutôt récente. Cette idée est effectivement apparue vers la fin du Moyen-Âge alors que la peste et le choléra faisaient des victimes par centaines de milliers, particulièrement chez les enfants. Pour les parents, cette idée se voulait doublement réconfortante: d'une part, parce qu'ils imaginaient une vie sans problème pour leurs enfants qui avaient déjà tant souffert et, d'autre part, parce qu'ils croyaient que ces enfants, devenus anges, allaient pouvoir veiller sur eux. C'est de cette époque, d'ailleurs, que nous viennent les premiers dessins et les premières peintures qui représentent des anges sous les traits de chérubins ailés un peu rondelets.

Cette idée voulant que les anges soient des humains décédés et accueillis au ciel a aussi été reprise dans de nombreux films et des séries télévisées. Rappelez-vous *Les routes du paradis* (une série américaine des années 1980). Toutes ces histoires mettant en vedette un humain devenu ange n'ont toutefois contribué qu'à rendre le sujet un peu plus confus.

Et si l'on ajoute à cela le fait que le mot «ange gardien» est aussi, souvent, une référence à quelqu'un qui nous aide à traverser un moment difficile, voilà qui ne facilite pas non plus la compréhension du sujet.

Enfin, il y a tous ces témoignages de personnes qui, dans des moments difficiles, voire critiques, ont eu droit à une aide providentielle de leur ange gardien en qui ils confient avoir reconnu un proche décédé.

Je suis intimement convaincu que ceux qui nous ont aimés sur la terre continuent à nous aimer et à nous protéger après avoir quitté ce monde, mais — attention — cela ne signifie pas pour autant qu'ils soient devenus des anges. Je suis plutôt de ceux qui croient que ces êtres chers «travaillent» en quelque sorte avec notre ange gardien d'une façon que Dieu permet.

Étant d'une autre espèce que les anges, jamais nous ne pourrons être des anges. Mais cela ne signifie pas que nous ayons une importance moindre vis-à-vis de Dieu, bien au contraire.

CHAPITRE 2

Qui sont les anges?

Ces êtres que nous appelons «anges» ont fait l'objet de bien des théories depuis des millénaires. De nombreuses hypothèses ont été échafaudées à leur sujet. Notre société actuelle n'est certainement pas la première à s'intéresser à ces êtres et à vouloir en savoir un peu plus sur eux.

Lorsque les hommes et les femmes ont commencé à coucher sur papier leurs croyances religieuses, il y a de cela presque cinq mille ans, il était déjà fait mention de l'existence des anges. Beaucoup plus anciens et beaucoup plus puissants que les humains, ils s'occupaient des «choses du ciel». Ils étaient des messagers, des guerriers, des protecteurs aussi. Les anciennes sociétés les adoraient comme s'ils étaient de nature divine. Toutefois, avec le temps, cette vision un peu primitive des anges, qu'on percevait alors comme étant des dieux de second rang, a été en quelque sorte revue et corrigée.

C'est cependant aux juifs de l'Antiquité que l'on doit les hypothèses les plus sérieuses sur les anges, hypothèses qui ont d'ailleurs traversé les siècles et les millénaires pour continuer de vivre aujourd'hui. Ils ont été les premiers à défendre l'idée que la divinité ne pouvait pas être morcelée, qu'elle était unique et indivisible. Pour eux, les anges étaient des créatures qui servaient Dieu et lui obéissaient, qui vivaient dans une autre dimension que la nôtre, ce qui ne les empêchait cependant pas de prodiguer des conseils ou de rendre des services aux humains qui leur en faisaient la demande puisque c'était là l'essentiel de leur mission. Il n'y avait d'ailleurs pas que les juifs de l'Antiquité qui pensaient ainsi. En Perse, on croyait en l'existence d'un Dieu suprême, entouré d'une «cour» d'esprits qui prodiguaient conseils et assistance pour la bonne marche du monde.

À ces hypothèses anciennes, s'en ajoutent d'autres toutes aussi anciennes d'ailleurs, qui défendent l'idée que certains anges ont pu venir fréquemment sur la terre et ainsi interagir avec des humains — pour leur bénéfice.

C'est de là, bien sûr, qu'émane l'idée de l'existence des anges gardiens.

Il n'en demeure pas moins que nous ignorons absolument à quoi ressemblent les anges. Tout ce que nous savons, c'est qu'ils nous ressemblent un peu. Cela peut sembler étonnant à première vue, mais c'est pourtant vrai. Toutes les personnes qui ont été touchées par un ange ont vu et senti quelque chose de différent des autres ayant vécu la même expérience. Quoique certaines similitudes puissent être rapportées.

Ce qu'il convient toutefois de retenir, surtout, c'est que ce que nous voyons avec nos yeux d'humains est simplement une réalité que les anges eux-mêmes nous offrent. Quand ils se manifestent, quand ils nous touchent, ils nous font en quelque sorte une traduction approximative de leur réalité vers la nôtre. Mais, comme le dit un proverbe italien: «Chaque traducteur est un traître», en ce sens que ce que nous voyons, entendons ou sentons est simplement une adaptation de quelque chose, adaptation qui part d'un plan, d'une réalité, et va rejoindre un autre plan, une autre réalité où les mots, les formes, les concepts n'ont pas toujours la même importance ni la même signification.

Même si nous ne pouvons nous faire une idée exacte de la réalité des anges, quelques pistes intéressantes nous sont offertes pour essayer de la cerner, de la découvrir. En nous référant à différentes expériences vécues par de nombreuses personnes, aux témoignages que celles-ci ont livrés, nous pouvons tirer des conclusions qui ne manqueront pas de nous passionner.

CHAPITRE 3

À quoi ressemblent les anges?

Les anges ont-ils un corps? Ont-ils un organisme physique? Est-ce qu'ils voient, est-ce qu'ils entendent? Est-ce qu'ils peuvent toucher et goûter? Sont-ils tributaires de l'air et de la lumière, ou d'une nourriture quelconque? Voilà de nombreuses questions qui nous passionnent.

Il faut cependant faire ici une distinction entre la manière dont les anges se voient les uns les autres dans leur propre dimension, et la façon dont nous pouvons, nous, humains, les percevoir lorsqu'ils se présentent à nous. Étant donné que nous vivons sur des plans différents, dans des réalités différentes, que nous n'avons pas la même perception des choses qu'eux, on ne peut pas vraiment dire comment ils se voient les uns les autres. Toutefois, grâce à certaines expériences menées scientifiquement, on a pu arriver à des modèles approximatifs.

Le consensus général veut que les anges n'aient pas de corps physique dans le sens où nous l'entendons. Dans notre univers, l'être humain, comme le moindre objet, possède un corps dont la réalité est définie par le fait que tout existe à partir de contraintes terrestres: temps, espace, gravité, etc. Mais chaque espèce possède néanmoins ses particularités; par exemple, un animal vivant sous un climat polaire ne présentera pas les mêmes caractéristiques qu'un autre, de même genre, vivant sous un climat tropical. Il en est ainsi pour tout ce qui vit. Pour les humains aussi; par exemple, si nous étions nés sur une autre planète, notre organisme serait indéniablement différent car les contraintes mêmes d'existence seraient différentes. Autrement dit, toute créature est le produit de son environnement physique.

Mais quel est donc l'environnement des anges?

La plupart des personnes qui ont étudié le phénomène des anges sont intimement convaincues qu'ils ne vivent pas dans le même univers physique que celui dans lequel nous vivons. Cet autre environnement peut être appelé ciel ou univers parallèle, ou autrement encore, mais, quel qu'il soit, cela nous oblige à accepter l'idée que les anges viennent à notre rencontre en passant à travers une «porte», soit physique, soit mentale. Jacob, dans l'Ancien Testament, raconte avoir eu une vision qui lui avait fait voir les anges monter au ciel et en descendre par un escalier céleste. C'est un bon exemple de ce «passage». Jean a écrit, dans la quatrième révélation: «J'ai vu une porte ouverte pour le ciel», avant de tomber en extase à la vue de Dieu et des anges.

Cette façon de voir le cosmos nous incite à croire que les anges sont des êtres qui ne sont finalement que de purs esprits, sans corps physique, sans figure, sans mains, sans ailes — de purs esprits à l'image de Dieu.

Cependant une autre théorie défend l'idée que les anges puissent vivre dans le même univers physique que nous, mais que leurs corps soient faits de telle manière que nous ne puissions les voir. Cette théorie est d'ailleurs plutôt récente: le fait d'admettre l'existence de corps physiques que nous ne pouvons pas voir aurait été considéré comme une hérésie il y a encore seulement quelques décennies. Lorsque les épidémies de peste ou de typhoïde ou d'autres maladies anéantissaient de nombreuses populations, personne n'aurait osé imaginer que la cause de ces fléaux était une forme vivante avec un corps microscopique beaucoup trop petit pour être discerné à l'œil nu. Personne non plus, à cette époque, ne pouvait soupçonner l'existence de ces infimes particules appelées atomes, elles-mêmes constituées de particules encore plus infimes, qui sont pourtant les matériaux de construction de tout l'univers.

Que les anges fassent partie intégrante de notre univers sans que nous puissions les voir, parce que leur corps serait simplement constitué différemment du nôtre, est une hypothèse séduisante et très plausible.

Après tout, puisque nous acceptons le fait qu'il existe d'autres formes vivantes qui sont invisibles à l'œil nu, pourquoi les anges ne seraient-ils pas de celles-là?

Pourquoi ne partagerions-nous pas cet univers avec eux?

Pourquoi devrions-nous croire que nous sommes l'ultime espèce sur la terre?

Pourquoi les anges ne pourraient-ils pas être une forme de vie, différente, plus ancienne, plus sage, plus évoluée que la nôtre?

CHAPITRE 4

Pourquoi est-il difficile de communiquer avec les anges?

Voici quelques-unes des théories les plus fréquemment avancées sur la structure du corps des anges et sur les raisons qui expliqueraient que nous ne puissions les voir.

Si les anges ne sont effectivement que pure énergie, d'immenses possibilités leur sont offertes, des possibilités qui dépassent tout ce que nous pouvons sans doute imaginer. Ne l'oublions pas: quiconque maîtriserait l'énergie pure pourrait agir directement sur la matière, se transformer à volonté, se déplacer à une vitesse inimaginable. Et n'est-ce pas justement ce que font les anges lorsqu'ils se manifestent? N'est-ce pas justement là une raison qui fait que chaque personne qui a vécu une telle expérience la décrive d'une façon différente des autres?

Et qui sait si tout cela n'est pas simplement dû à une question plus prosaïque, à savoir que nos yeux seuls ne pourraient les distinguer. N'oublions pas que nous ne pouvons saisir que ce qui nous est présenté dans le spectre compris entre l'ultraviolet et l'infrarouge. Certains animaux et certains insectes peuvent, eux, voir l'ultraviolet et l'infrarouge; le centre de certaines fleurs apparaît fluorescent sous une lumière ultraviolette, les abeilles peuvent distinguer cette clarté particulière et se diriger ainsi à la source du nectar. Pourtant, nous, humains, ne pouvons rien voir de cela. Le corps des anges existe-t-il dans un spectre lumineux imperceptible et impossible à détecter?

Que nous ne puissions communiquer à volonté avec les anges pourrait s'expliquer de la même façon. Car qui donc peut affirmer que les anges n'essaient pas de communiquer avec nous mais dans une forme de langage, un spectre sonore, que nous ne pouvons entendre? Les ondes stimulent notre cerveau et nous font réagir, mais si les ondes dont les anges se servent n'entrent pas dans un spectre sonore qui nous est perceptible, nous ne pouvons réagir.

Voilà quelques-unes des nombreuses hypothèses avancées qui, sur le plan des probabilités comme sur le plan scientifique, pourraient expliquer que nous ne puissions voir les anges et communiquer avec eux. À moins, bien sûr, qu'il y ait une rupture dans l'un de ces phénomènes, à un moment précis, et que nous nous retrouvions ainsi dans une même réalité : c'est alors que nous pourrions voir les anges et communiquer avec eux, comme il en est avec notre ange gardien.

Cependant, au-delà de ces considérations terre-à-terre, il existe aussi d'autres hypothèses.

Je suis de ceux qui croient que la raison principale qui fait que nous ne puissions pas voir le corps des anges est que notre vision des choses est trop limitée, notre cœur pas assez ouvert. Jésus a dit: «Regardez le royaume de Dieu, il est autour de vous, ici même.» J'ai toujours pensé que, par ces paroles, Jésus voulait dire que même si nos sens, physiques et spirituels, ne sont pas suffisamment développés pour voir et connaître Dieu, ou les anges, ou même ceux que nous avons aimés et qui sont décédés, nous ne sommes pas si éloignés que nous le croyons de cette autre dimension dans laquelle ils évoluent. Si nos vies étaient pures et remplies d'amour et de lumière, nous ne trouverions aucune barrière entre la dimension dans laquelle nous vivons et celle dans laquelle vivent les anges. Nous serions alors en contact avec eux, comme nous verrions aussi le visage de Dieu. Si nous pouvions simplement voir, cela nous consumerait et nous transformerait totalement, et tous les gens autour de nous. Je crois qu'il convient d'ailleurs d'établir, ici, un parallèle avec cette transformation évoquée par tous ces gens qui ont été touchés par les anges et sur laquelle nous reviendrons d'ailleurs plus loin dans ce livre.

Que les anges aient un corps ou non, là n'est pas l'essentiel. Mais il nous faut cependant admettre que nous ne sommes pas, normalement, capables de les voir et de communiquer avec eux. Pourtant, il arrive que des hommes et des femmes rencontrent des anges et communiquent avec eux. Lorsque cela se produit, que ce soit parce qu'un ange vient nous retrouver dans notre dimension ou que Dieu nous amène dans la sienne, nos propres sens ne sont pas suffisamment développés pour décrire avec précision ce que nous avons vu, ce que nous avons vécu. Pourquoi? Parce que nous sommes limités par notre vocabulaire d'humains. Mais nous ne pouvons pas ne pas nous poser cette question: comment les anges nous contactent-ils?

CHAPITRE 5

Mythes et réalités

Les premiers anges que nous avons vus, habituellement dans nos premiers livres d'enseignement religieux, nous apparaissaient avec des ailes déployées. Cela, bien sûr, a marqué notre imaginaire et nous avons toujours gardé en nous ces images rassurantes.

Pourtant, les chercheurs sérieux qui s'intéressent à la question affirment sans l'ombre d'un doute que les anges n'ont pas d'ailes. Pour eux, c'est une réalité incontournable. Mais pourquoi, alors, ces messagers de Dieu ont-ils été affublés de cet appendice dorsal?

Cela témoigne sans doute de notre inhabileté à traduire en langage humain les situations et les événements surnaturels que nous expérimentons. Dans les écritures judéo-chrétiennes, à l'intérieur des deux livres de la Bible qui parlent le plus des anges, *Daniel* et *La révélation*, les personnages qui décrivent les visions et les rêves qu'ils ont vécus utilisent le langage de leur époque et de leur condition d'humain pour décrire des choses qui ne sont visiblement pas de notre dimension. C'est d'ailleurs la raison qui expliquerait que ceux qui ont été touchés par les anges parlent en métaphores, ce qui, naturellement, n'est pas pour simplifier la compréhension des choses. En fait, l'évocation constante des ailes des anges est la preuve de la pauvreté du langage de l'orateur, même le plus éloquent, lorsque vient le moment de décrire une expérience surnaturelle.

Les anges n'ayant pas de corps, ils n'ont aucun besoin de voler pour se déplacer. Ils peuvent se retrouver à n'importe quel endroit où ils désirent être, par la seule force de leur pensée. Aussi, imaginer que les anges puissent réellement avoir des ailes est un peu fantaisiste.

En fait, les premières descriptions littéraires ou picturales ne représentaient pas les anges avec des ailes. Pour une, la vision de Jacob montrait des anges qui montaient une échelle et en descendaient. Et l'ange qui est apparu à Abraham n'avait pas d'ailes non plus. Il en est d'ailleurs ainsi à de nombreux endroits dans les Saintes Écritures. Les seules créatures angéliques décrites avec des ailes sont les chérubins et les séraphins — et il faut souligner ici que le chérubin, qui a tant servi à illustrer l'ange, est d'abord et avant tout un dieu protecteur qui remonte à l'époque babylonienne et qui était mi-homme et mi-oiseau. Le séraphin qui est apparu à Isaïe avait également des ailes. Pourtant, et même s'il n'y a aucune référence à des anges ailés dans les évangiles de Luc ou de Matthieu, on s'est habitué à voir des représentations des cieux remplis d'anges ailés chantonnant de doux airs. Bien sûr, les évangiles évoquent cette multitude d'anges qui chantent des hymnes de joie, mais en aucun endroit ils ne les décrivent porteurs d'ailes.

Dans les faits, aucune peinture n'a représenté un ange avec des ailes avant l'an 787. Cette année-là, le second concile de l'Église, à Nice, a voté un décret permettant la représentation, en peinture, des anges et des saints, ce qui a naturellement provoqué une avalanche de peintures et de sculptures sur le sujet, et cela, pendant quelque cinq cents ans. Mais si les artistes de l'époque avaient obtenu la permission de peindre les anges et les saints, ils n'avaient aucun modèle sur lequel se baser. Tout au plus, la Bible leur suggérait-elle que les anges ressemblaient souvent aux humains mais, soulignaient les théologiens de l'époque, ils étaient des êtres asexués, des esprits, ce qui leur permettait d'être partout à la fois. Les artistes se sont alors inspirés pour leurs œuvres des seuls modèles qu'ils connaissaient, c'est-à-dire les œuvres des peintres et des sculpteurs de la Grèce antique qui avaient pour coutume de représenter Mercure ou Hermès, le messager des dieux, avec des ailes à ses sandales ou à son chapeau. Une autre créature ailée les ayant inspirés était Éros, le dieu de l'amour. C'est ainsi que tous ces dieux ailés ont été la source d'inspiration pour les premières représentations des anges.

Mais s'il n'est pas question d'anges ailés dans la Bible, il en est de même dans les autres livres saints d'autres religions millénaires, notamment les religions orientales. Là non plus les anges n'ont pas d'ailes.

On ne peut cependant nier le fait que de nombreuses personnes qui ont eu des contacts avec des anges, et qui en ont encore à notre époque, les décrivent souvent comme des êtres portant des ailes. Est-ce à dire que toutes ces personnes ont été victimes de leur imagination? Non, je ne le crois pas, comme ne le croient pas non plus tous ceux qui se penchent avec sérieux sur la question. Puisqu'on considère que les anges sont pure énergie, qu'ils possèdent un pouvoir phénoménal, leur «matérialisation» dans notre dimension et devant notre regard peut se faire selon leur bon vouloir, ce qui signifie bien souvent qu'ils peuvent nous apparaître de la façon dont nous les imaginons, consciemment ou non, pour attirer notre attention, nous livrer leur message et nous faire agir. Si l'ange juge que la meilleure façon d'attirer notre attention est de se présenter à nous selon cette image que nous nous faisons de lui, il nous apparaîtra ainsi.

Ce corps que les anges «empruntent» pour attirer notre attention et nous convaincre de quelque chose ne relève pas de l'inédit. Par exemple, combien de gens n'ont-ils pas affirmé, à travers les siècles et l'histoire, que Jésus leur était apparu, qu'ils avaient vu ses mains et ses pieds transpercés? Pourtant, l'archéologie moderne nous a démontré que les Romains, lorsqu'ils crucifiaient une personne, lui plantaient les clous non pas à travers les mains, mais bien à travers les poignets, là où plusieurs os se rencontrent, et cela pour éviter que les clous ne déchirent la chair.

Pourtant, depuis toujours, les peintures représentant le Christ crucifié nous font voir Jésus les mains transpercées, et non les poignets.

Cela montre bien que les représentations concrètes ne sont pas toujours le fidèle reflet de la réalité.

Il devient dès lors plausible qu'un ange prenne une apparence humaine pour nous aider ou pour nous apporter un message. Dans certains cas, je le crois intimement, il ne se distingue à peu près pas de nous. Il est peut-être même simplement quelqu'un parmi nous.

CHAPITRE 6

Reconnaître les anges

Ainsi, que pouvons-nous avancer sur l'aspect physique des anges à la lumière des milliers de témoignages recueillis auprès de personnes qui affirment avoir rencontré un ange et communiqué avec lui? Que pouvons-nous en déduire sinon que les anges peuvent parfois revêtir une apparence humaine ou encore devenir translucides. Bref, qu'ils peuvent prendre l'apparence qu'ils désirent et qui leur permettra de remplir la mission qui est la leur? Mais lorsqu'ils empruntent une apparence humaine, une apparence en tous points semblable à la nôtre, nous devons être conscients que nous ne savons pas toujours, sur le moment, que nous avons affaire à un ange. Souvent, ce n'est que par la suite que nous nous interrogeons sur cette rencontre et en arrivons à nous demander si nous n'avons pas été touchés par un ange. Et nous ne nous posons pas cette question à cause de quelque chose que nous avons remarqué dans son apparence mais plutôt grâce à quelque chose qu'il a dit, fait, provoqué ou évité — et aussi parce que, souvent, lorsqu'il a terminé sa mission, il est disparu.

Quel que soit le contact que nous aurons eu avec notre ange gardien ou avec n'importe quel autre ange, à plus ou moins brève échéance, nous réaliserons pleinement que nous avons eu droit à ce genre de contact parce que notre vie s'en trouvera modifiée, voire transformée.

Est-ce que les anges ont des halos — des cercles de lumière — autour de leur tête?

Je ne crains pas de répondre oui. J'ajouterais que c'est même beaucoup plus qu'une simple auréole. Nous l'avons dit précédemment, les anges sont des êtres de pure énergie. Il n'est donc pas étonnant qu'ils nous apparaissent comme des êtres de lumière.

De nombreux témoignages de gens ayant eu des rencontres avec des anges confirment d'ailleurs ce fait. Dans de très nombreux cas, des gens ont évoqué des êtres desquels émanait une clarté si forte qu'il leur avait été impossible, dans un premier temps, de les regarder en face. Ces témoins les décrivent, après coup, comme «une lumière très brillante, blanche, mais beaucoup plus brillante et plus blanche que tout ce que j'ai jamais vu», «une lumière incandescente, mais transparente, avec de la couleur, mais une couleur que je n'ai jamais vue et que je suis persuadé que je ne reverrai jamais», «un genre de rose doré qui s'estompait vers les côtés jusqu'à un blanc argenté qui semblait se mouvoir sans cesse», «une lumière bleue, brillante, très brillante». D'autres ont affirmé ne pas avoir été capables de fixer l'ange avant un certain temps, jusqu'à ce que leurs yeux s'habituent en fait à cette lumière.

Et les anges parlent-ils? Voilà une autre question qui nous intéresse. Et si oui, quel langage utilisent-ils, et est-ce un langage que nous pouvons comprendre?

L'essence même de l'ange qui vient nous visiter, comme je l'ai souligné précédemment, est son habileté à pouvoir communiquer parfaitement avec nous pour réussir à nous livrer son message et ainsi nous permettre de changer le cours de notre vie.

Comment les anges peuvent-ils obtenir un tel résultat? Surtout si l'on retient l'idée que les anges n'ont pas de corps, du moins, de corps comme nous l'entendons dans notre monde, et n'ont pas, non plus, les mêmes contraintes. N'ayant pas besoin de respirer, ils n'ont pas besoin de lèvres, de larynx, de langue. Il ressort des expériences vécues par de nombreuses personnes qui ont été touchées par un ange que ceux-ci communiquent d'une manière spirituelle; d'autres préféreront dire télépathique, c'est-à-dire l'esprit s'adressant à l'esprit, sans l'intermédiaire de la voix.

C'est l'explication la plus plausible qui soit lorsqu'il s'agit de faire comprendre que nous pouvons saisir si bien leurs messages.

CHAPITRE 7

La société des anges

Même si nous ne savons pas grand-chose à ce sujet, il est clair que les anges qui interfèrent sur nos vies vivent dans une société très disciplinée et très ordonnée. Ce ne sont pas des êtres solitaires et sans but mais, bien au contraire, des êtres sociables dont les objectifs, les responsabilités et les devoirs sont clairement établis. C'est un aspect de la vie angélique qu'il ne nous est pas donné d'imaginer souvent, même si nous sommes en contact avec notre ange gardien ou n'importe quel autre ange. Dans de telles relations, il s'agit d'une relation d'entité à entité. Aussi, nous ne pouvons nous faire une idée de leur vie en société. Cependant, il y a eu suffisamment de penseurs et de visionnaires dont le cœur et les yeux ont su traverser la barrière qui séparait le monde angélique du monde humain pour nous permettre d'en savoir tout de même un peu plus sur la façon dont les anges sont organisés, sur ce que l'on pourrait, en quelque sorte, définir comme leur «société».

«Dieu est un Dieu d'ordre et non pas de confusion», disent les Saintes Écritures, et c'est vrai. Tout autour de nous, nous pouvons constater le fruit de cet ordre divin: la matière est organisée en particules, en atomes, en structures plus ou moins complexes, et chaque corps agit selon les lois naturelles qui sont établies à l'intérieur des particules qui lui sont propres. Et même lorsque la structure de la matière n'était pas encore comprise comme elle l'est aujourd'hui (et il ne fait pas de doute que bien des mystères restent encore à être résolus), le genre humain comprenait tout de même que la nature divine régissait l'univers dans sa globalité.

Au début de la Genèse, on parle de la terre naissante — celle-ci n'avait aucune forme, et les ténèbres couvraient tous les horizons. L'inspiration divine a ensuite fait naître notre monde: une à une, les choses et les êtres ont émergé du chaos, chaque entité a pris la forme qui devait être la sienne, la structure qui lui était destinée, et poursuivi les buts qui devaient l'animer. L'univers s'est mis en mouvement, les corps célestes sont apparus, la lumière est venue.

Si ce récit a cours dans la Bible, de semblables histoires se répètent dans les autres religions.

Aussi, si l'on est intimement convaincu que, dans la création, l'ordre divin a prévalu sur le chaos, nous devons admettre, toujours en raison de cette même règle, que la société des anges est une société ordonnée, dans laquelle un nombre impressionnant d'êtres travaillent ensemble et coopèrent. L'entreprise commune, comme l'adoration de Dieu, ou des efforts plus sociétaires, comme la victoire des anges sur les anges déchus, n'auraient sûrement pas été possibles sans cette coopération et cet ordre.

Les quelques humains qui ont pu se faire une idée plus précise de la société angélique — en raison de situations exceptionnelles, voire surnaturelles — ont tous vanté le parfait ordre et la parfaite harmonie de cette société. La plupart de ceux-là ont cependant été obligés d'utiliser des métaphores ou un langage plutôt obscur pour décrire leur vision parce que, une fois encore, notre langage se prête bien peu à la description de la société angélique. Toutefois, tous ont été d'accord pour affirmer que le ciel est une société organisée, poursuivant un but précis. Les révélations de Saint-Jean sont remplies de descriptions, allant de récits précis et complexes de l'adoration divine jusqu'aux motifs des visites des anges sur la terre et la façon dont ils procèdent. Le prophète Isaïe a eu une vision de Dieu et de sa cour angélique, et la perfection de cette «société» l'a fait désespérer de la société humaine: «Je suis condamné, me voilà avec tous mes défauts, vivant dans une société corrompue, et je viens juste de voir le Seigneur dans sa gloire», s'écria-t-il.

Maints écrits anciens offrent d'autres visions de la société des anges, mais tous affirment que cette société est virtuellement parfaite, qu'il n'y existe ni dissension, ni jalousie, ni ambition, ni violence; qu'il n'y a ni de préférés, ni de laissés-pour-compte; que tous connaissent leurs dons, leurs talents et leurs responsabilités et que tous travaillent sans relâche pour se perfectionner et pour rester fidèles à leur devoir. En fait, dans cette société angélique, tous peuvent grandir, s'améliorer, évoluer, pour devenir meilleurs sans aucune limite et le cœur de chacun bat au rythme de celui de Dieu — la seule loi, la seule prérogative étant l'amour.

Quant à savoir si les anges ont été créés ainsi ou s'ils ont évolué et ont finalement constitué une société parfaite à travers les millénaires, il faut bien admettre que nous ne le savons pas. Pour ma part, je crois que, jusqu'à un certain point, ils ont évolué. D'une part, les textes des révélations racontent cette guerre qui éclata au ciel et dans laquelle l'ange Michaël, suivi de plusieurs autres, repoussa les anges rebelles qui ne voulaient plus vivre selon les lois de cette société — une telle situation n'aurait pas été possible dans une société parfaite — et, d'autre part, la nature même de la vie, de n'importe quelle forme de vie, est de grandir et d'évoluer. Les changements surviennent incontestablement beaucoup plus rapidement dans notre monde que dans celui des anges, peut-être parce que notre chemin à parcourir est encore bien long, mais je n'en demeure pas moins convaincu que les anges ne sont pas des êtres statiques.

Dans notre société, chaque homme et chaque femme ont différentes tâches à accomplir, différents rôles à jouer. C'est également vrai dans la société des anges, quoiqu'il ne fait aucun doute que ces rôles y soient plus complexes. Les humains sont de la même race, tandis que plusieurs croient que les anges ne sont pas, eux, tous de la même race. Ainsi, selon les angéologues, il existerait différentes familles, dont celles des anges, des archanges, des chérubins, des séraphins, etc. Nous avons souvent tendance à les imaginer tous semblables, cela vient sans doute du fait que, pour parler d'eux, nous utilisons généralement le mot «ange», qui qualifie en quelque sorte tous les êtres célestes. Les anges peuvent sans doute changer de «fonction», mais certainement pas de nature. Les hypothèses émises sur ce sujet, sur les différents groupes auxquels ils appartiendraient, ne sont pas quelque chose de nouveau, cela existe en réalité depuis 2700 ans.

Dans la tradition occidentale, la distinction la plus ancienne se retrouve dans les Saintes Écritures où les êtres célestes sont appelés, tour à tour, messagers, enfants de Dieu, chérubins, séraphins; à chacune de ces «familles» sont accolées des tâches précises. Par exemple, les messagers sont ces anges qui viennent sur la terre et qui interagissent avec les humains. Les enfants de Dieu sont les anges qui constituent la cour céleste mais qui ne se mêlent pas nécessairement des choses terrestres. Les chérubins sont considérés dans la Genèse comme des gardiens. Les séraphins sont des adorateurs de Dieu. Tout au début de l'ère chrétienne, entre sept et douze groupes d'anges ont été identifiés par un grand nombre de théologiens qui se sont penchés sur cette question. Les noms sont certes différents, on parle ici de la famille des anges, des archanges, des chérubins et des séraphins, comme dans la Bible, mais à ces familles s'en ajoutent d'autres, comme celles des trônes, des dominations, des principautés et des pouvoirs.

Quoique ces nombreuses hypothèses ne concordent pas toutes parfaitement entre elles, on y retrouve suffisamment de points communs pour nous convaincre qu'il existe vraiment une société des anges et que celle-ci est extrêmement bien organisée.

Chapitre 8

La mission et les tâches des anges

Nous avons évoqué brièvement dans les pages précédentes la mission et les tâches des anges. Revenons-y pour essayer de mieux comprendre l'influence qu'ils exercent sur nos vies. En règle générale, on s'entend pour dire que les anges sont tous des serviteurs de Dieu et qu'ils font ce qu'Il leur demande. Mais que leur demande-t-Il?

À travers les saintes écritures, nous pouvons nous faire une certaine idée de leurs principales tâches. Soulignons-en quelques-unes en particulier:

Adorer Dieu

Tous les anges adorent Dieu. C'est leur principale fonction — rendre hommage à Dieu pour la création. Peu importe la teneur de la mission que l'ange est appelé à accomplir, même sur la terre, son cœur est toujours et totalement dédié à la contemplation divine.

C'est la raison pour laquelle les personnes qui sont en étroite relation avec Dieu, notamment par la prière, sont celles qui, généralement, ont plus de facilité à entrer en communication avec leur ange gardien, ou les autres anges. Comme si le fait de partager ce but commun, amour et adoration vis-à-vis de Dieu, était un lien puissant qui reliait les êtres entre eux, quel que soit leur degré d'évolution.

Protéger le royaume des cieux contre les anges déchus

Les anges, on l'oublie souvent, forment l'armée divine qui combat les forces du mal. Dans la Révélation de Daniel, il est clairement mentionné que Michaël et ses anges ont livré bataille au ciel et repoussé les anges déchus. Nous savons peu de choses sur cette guerre céleste, sinon que les forces divines ont été victorieuses et que les forces du mal n'ont pas été anéanties mais bien repoussées du ciel. Est-ce à dire que cette bataille se poursuit toujours? La terre pourrait-elle maintenant être le champ de bataille où s'affrontent les forces du bien et du mal?

Transmettre des messages sur la terre ou administrer les choses humaines

Les anges viennent souvent accomplir des missions sur la terre, missions qui consistent habituellement à apporter ou transmettre des messages de Dieu ou même, occasionnellement, à intervenir dans le déroulement des choses.

Servir et protéger l'humanité, tant sur le plan spirituel que physique

On affirme que chaque personne qui existe sur la terre possède son ange gardien pour veiller sur lui, et ce n'est pas une croyance mise de l'avant uniquement par le christianisme, mais aussi par le judaïsme et l'islamisme. On en parle aussi dans les écritures orthodoxes et dans plusieurs autres écrits religieux. Toutefois, le terme «ange gardien» ne vient pas directement des Saintes Écritures; c'est un terme que nous avons développé pour décrire l'ange qui travaille avec nous sur cette terre, et cela nous a été inspiré, tout au moins en partie, du psaume 91: «Il a donné à l'ange la responsabilité de te protéger, de te garder par tous les moyens.»

L'ange gardien est un ange qui nous est assigné non pas à notre naissance mais plutôt dès le moment de notre conception. Sa tâche: être en quelque sorte notre parrain spirituel; il travaille à élever notre niveau de connaissances spirituelles tout au long de notre vie; il parle à notre cœur en entretenant un lien direct avec Dieu; il nous inspire sans cesse des paroles d'amour, de paix, et nous aide à atteindre nos objectifs.

Sa tâche principale, l'ange gardien la réalise sur le plan de notre esprit, plutôt que sur le plan du corps; il est le gardien de notre âme et de notre cœur. Il intervient dans notre monde physique lorsque son aide est nécessaire pour enrichir notre vie ou pour soulager notre esprit ou notre cœur. Mais l'ange gardien ne fait rien lui-même, il agit beaucoup plus à titre de «conseiller» et nous incite à agir.

En ce sens, jamais il ne nous donne d'ordre ou de commandement, et nous laisse toujours notre libre choix. Nous pouvons suivre ses conseils ou ses suggestions, mais nous pouvons aussi ne pas en tenir compte.

CHAPITRE 9

Pourquoi les anges se manifestent-ils si souvent?

Une question se pose à chacun de ceux qui s'intéressent au phénomène des anges: pourquoi donc les anges se manifestent-ils? Et pourquoi, depuis quelques années, ces manifestations sont-elles de plus en plus fréquentes? Répondons d'abord à la seconde question. Si les anges semblent se manifester plus fréquemment depuis quelques années, depuis que le phénomène a pris cette ampleur qu'on lui connaît, c'est beaucoup plus une question d'état d'être et d'état d'esprit. Expliquons-nous: il y avait incontestablement autant de manifestations auparavant, mais s'il en était moins question, c'est que les gens avaient une certaine gêne à en témoigner. Avec le changement des mentalités, avec l'ouverture d'esprit qui est plus grand aujourd'hui, les gens n'hésitent plus à témoigner de ces phénomènes surnaturels. Autrement dit, il y en avait sans doute autant auparavant, mais les gens n'en parlaient pas autant qu'aujourd'hui.

Pour les gens en quête de spiritualité, la présence et les messages des anges ont une incidence très importante sur la vie des humains, car les anges existent au-delà des religions, des pensées philosophiques et des principes mêmes qui régissent la vie. Après tout, ne sont-ils pas d'avant la création? N'étaient-ils pas là avant qu'Adam et Ève n'arrivent sur terre et explorent leur jardin? D'ailleurs, après que les premiers humains furent chassés de l'Éden pour avoir mangé la pomme, représentation de la connaissance du bien et du mal, les Chérubins, qui sont l'un des trois ordres d'anges les plus près de Dieu, ont eu pour mission de garder la barrière à l'Est. Leurs épées de feu tournoyant de tous côtés pour empêcher Adam et Ève de retourner dans leur paradis. Le mot Chérubin signifie «plein de la connaissance de Dieu»; il tire son origine du mot assyrien Karibou qui signifie «celui qui prie» ou «celui qui communique». Dès leur naissance, ils furent décrits comme les détenteurs de l'espoir.

Dans la Bible, par ailleurs, les premiers anges étaient des hommes; plus précisément, ils étaient des guides destinés à aider les hommes dans l'accomplissement de leurs tâches.

Quant à savoir pourquoi les anges se manifestent aussi souvent, la question est beaucoup plus fondamentale. Elle relève de la nature même des anges.

Leurs visites, indubitablement, surviennent dès que l'homme a besoin d'eux. C'est à ce moment-là qu'ils se manifestent, qu'ils prennent une de ces formes décrites dans de nombreux témoignages, pour nous apporter l'aide nécessaire, ou parfois simplement le réconfort dont nous avons besoin à une période précise de notre existence. En fait, quels que soient les gestes qu'ils peuvent faire ou les paroles qu'ils peuvent nous dire, tout cela représente cet amour profond dont tous, sans exception, nous avons besoin non seulement pour vivre mais aussi pour évoluer.

C'est un fait que, lorsque les choses vont bien dans nos vies, les anges se tiennent à l'écart. Pourquoi se mêleraient-ils de nos vies alors que nous sommes sur la bonne voie? C'est d'ailleurs ce que confirme la très grande majorité des témoignages de gens qui ont eu la visite d'un ange: c'était lorsqu'ils connaissaient des problèmes importants dans leur vie que ceux-ci se sont manifestés.

S'ils se manifestent plus souvent qu'auparavant, c'est sans doute dû au fait, aussi, que nous traversons depuis ces dernières années des situations plus difficiles que par le passé. La situation économique n'est guère reluisante, nous sommes stressés, anxieux. Chaque jour, nous devons faire face à notre lot de difficultés. Et puis, au-delà des contraintes matérielles, physiques, il faut aussi admettre que nous vivons dans une société qui nous dépersonnalise, une société dans laquelle nous ne sommes en quelque sorte que des numéros.

Les moments difficiles, cruciaux, sont donc plus nombreux qu'au cours des années où tout allait bien.

Par leurs manifestations, les anges veulent en quelque sorte nous apprendre à grandir, à évoluer. Non seulement en tant qu'individu, mais aussi en tant qu'humain sur le plan global, en bon intendant de notre planète. Ils veulent nous faire prendre conscience que nous formons une espèce et que nous ne sommes pas seulement des individus quelconques vivant sur une même planète.

Par leurs manifestations, ils veulent nous transformer, nous permettre de devenir meilleurs et, du même coup, nous inciter à vivre dans cette voie et transformer le monde d'une telle façon que la planète sera méconnaissable. Les anges qui nous entourent veulent nous convaincre que notre transformation se fait de façon parallèle avec celle du monde entier.

Mais il y a d'autres raisons et, pour les expliquer, trois pistes nous sont offertes — chacune ayant ses propres mérites.

Croire

Les faits nous montrent que, dans l'histoire de l'humanité, les périodes intenses de matérialisme ont toujours été suivies par d'aussi intenses périodes de spiritualité, un peu comme un mouvement de balancier. Il en a toujours été ainsi, même au cours des dernières décennies. Les années cinquante ont été marquées par le matérialisme, c'étaient les lendemains insouciants de la guerre; les années soixante ont connu un retour des jeunes vers la spiritualité, le *peace and love*, le *flower power* étaient-ils autre chose qu'une recherche de la paix et de l'amour universels?

Les générations suivantes vécurent — et vivent encore, pour certains — dans un climat de permissivité rarement atteint jusqu'ici. Aujourd'hui, des milliers d'hommes et de femmes, des milliers de jeunes et de gens plus âgés, manifestent de plus en plus ouvertement un besoin, une quête de spiritualité. Ils cherchent à trouver des réponses à des questions essentielles, existentielles; ils cherchent à trouver ces réponses dans les structures traditionnelles mais aussi dans de nouvelles voies alternatives — ces nouvelles façons de voir la vie et de regarder Dieu.

Mais, autant pour ceux qui croient dans les religions traditionnelles que pour ceux qui croient simplement en Dieu, les messages et la présence des anges dans leur vie sont des plus importants. Les anges, on le constate, transcendent toutes les religions, toutes les philosophies, toutes les croyances. En fait, les anges n'ont pas de religion comme celle que nous connaissons; de fait, l'existence des anges précède toutes les religions. Leur seule croyance est Dieu et l'amour.

Ce besoin de savoir et de connaître ce que nous sommes et où nous allons est une question fondamentale que se pose et que s'est toujours posé l'homme parce qu'il a un grand appétit spirituel. On peut l'oublier, la rejeter, même la renier, mais cela ne dure qu'un temps et, immanquablement, nous revenons à cette question.

C'est lorsque nous réalisons qu'il doit y avoir dans nos vies quelque chose de plus que le pouvoir, le prestige, le travail, l'accumulation des biens matériels, que les anges viennent nous conseiller. Les anges, par leurs manifestations, viennent nous dire que le ciel n'est peut-être pas aussi loin que nous le croyons. Ils entrouvent suffisamment cette porte qui nous sépare de leur dimension pour nous laisser entrevoir un bout de ciel et nous donner l'espoir qu'il existe une vie après cette vie. Non, Dieu n'est pas un vieil homme assis sur un nuage et qui a oublié les hommes, nous disent les anges;

Dieu est près de nous, il vibre au même rythme que bat notre cœur.

Comprendre et aimer

Plusieurs personnes ont tendance à croire que les anges ne se manifestent que lorsque nous avons des problèmes et que, lorsque notre vie est calme, paisible et sereine, ils ne se manifestent pas.

Il est certainement exact que les anges se manifestent plus souvent en situation de crise. De nombreuses personnes que j'ai rencontrées, à un moment ou à un autre de ma vie, et qui ont été touchées par les anges, se trouvaient alors effectivement à un moment critique de leur vie, ou traversaient une période de grande peur ou de grande peine — ou encore, paradoxalement, vivaient une période de grandes joies et se sentaient exaltées. Bien sûr, les sceptiques diront que ce sont notre propre faiblesse et nos propres besoins qui «fabriquent» les anges. Je ne nie pas que cela puisse parfois être vrai, mais je suis aussi convaincu qu'un Dieu d'amour, connaissant nos besoins, soit en mesure de nous envoyer les anges pour nous faire savoir que nous ne sommes pas seuls.

Nous traversons une période où nous avons, en tant qu'humains, de plus en plus peur de la vie. Nous sommes stressés, anxieux, inquiets; nous nous sentons dépersonnalisés, nous sommes devenus des numéros, des statistiques. Nous avons perdu le contrôle de notre environnement et nous perdons rapidement le contrôle de notre propre vie. Ce sont aujourd'hui les médias qui nous disent ce que nous devons aimer, ce que nous devons porter, qui nous devons croire. Ils vont même jusqu'à nous indiquer comment nous devons faire l'amour, comment ceci et pourquoi cela. Nous ne nous y retrouvons plus. Ce n'est plus nous. Alors qui sommes-nous, et vers quoi allons-nous? «Ne craignez rien, nous disent les anges. Nous avons les réponses que vous cherchez. Nous pouvons vous aider à comprendre. Laissez-nous vous aider.»

Si la vie est devenue une source d'inquiétude pour chacun de nous, sur le plan personnel, cela est aussi vrai pour ce qui a trait à la société qui semble elle-même en décomposition. Elle fait face à des problèmes d'une ampleur jamais égalée: pollution, déforestation, couche d'ozone, pluies acides, armes chimiques et biologiques, armes nucléaires, guerres de religions, guerres de races, famine, récession et quoi encore — tout cela est réalité. Nous avons fait de la technologie un dieu alors qu'elle n'aurait dû être qu'un instrument. Elle a pris le pas sur notre sagesse. Notre univers est menacé.

Il faut reprendre le contrôle de la planète, de notre terre, de notre monde; ce monde que l'on nous a donné non pas pour le dominer ni le détruire, mais plutôt pour en prendre soin pour ceux qui viendront après nous.

Les anges veillent. Une de leurs missions n'est-elle pas justement de veiller à la bonne marche de cette bonne vieille terre? D'ailleurs, les anges connaissent son fonctionnement beaucoup mieux que nous. «Personne n'a le droit de détruire le visage de Dieu», nous disent-ils.

«Laissez-nous vous aider à la tranformer, à la reprendre en main.» C'est un message d'espoir. «Nous pouvons vous apprendre à aimer ce monde comme nous nous l'aimons», disent-ils encore. Tout est encore possible.

Changer

Le désir des anges de nous apprendre à grandir, à évoluer et à devenir meilleurs vis-à-vis de nous-mêmes et vis-à-vis de la terre est indubitablement l'une des principales raisons pour lesquelles les anges se manifestent, aujourd'hui, beaucoup plus fréquemment.

Les anges communiquent avec nous et interviennent pour nous encourager sur le plan de notre évolution personnelle. Et cela doit être compris, surtout dirais-je, dans une perspective beaucoup plus vaste qu'une simple question de bien-être personnel. Je m'explique: les anges interviennent auprès de chacun de nous, comme individu, mais avec le but avoué que la connaissance et la sagesse qu'ils nous transmettent puissent contribuer à la re-création du monde.

C'est un peu, d'ailleurs, quoique présentée différemment, la théorie défendue par tous ceux-là qui nous annoncent des transformations profondes. Comme ces gens, je crois que ces transformations seront entreprises par l'homme mais, contrairement à nombre d'entre eux, je crois que ce qui nous y mènera, ce sera Dieu et ses messagers, les anges. C'est d'ailleurs la raison pour laquelle je suis convaincu qu'au cours des prochaines années, vraisemblablement jusqu'au tournant du siècle, les anges se manifesteront de plus en plus souvent.

Il ne fait aucun doute que les anges sont parmi nous pour nous aider à transformer le monde — mais ce ne sont pas eux qui feront le travail. Leur présence a plutôt pour but de nous faire découvrir l'amour véritable. Car ce n'est finalement que lorsque nous aurons commencé à nous développer dans l'amour que nous pourrons alors — et alors seulement — nous transformer, d'abord nous-mêmes, puis ensuite le monde autour de nous. Nous ne pouvons pas changer le monde pour le meilleur si nous ne parvenons pas à nous changer nous-mêmes et à balayer de nos vies tous ces sentiments mesquins qui sont trop souvent notre lot. Nous ne pouvons faire ces changements sans la présence de Dieu dans nos vies. Lorsque cette présence sera là, alors nous n'aurons plus besoin d'aide pour marcher d'un même pas avec nos anges. La seule question qui reste maintenant est de savoir le temps que cela prendra.

Les anges sont parmi nous comme un signe d'espoir, pour nous signifier que notre transformation personnelle, tout comme celle de notre monde, est encore possible.

Deuxième partie

À la rencontre des anges

Chapitre 10

Pourquoi communiquer avec les anges?

Personne ne pouvait évidemment prédire, il y a encore une décennie, ce qui se passe aujourd'hui: des témoignages émanant des quatre coins du monde, de milliers de personnes affirmant avoir communiqué avec leur ange gardien. C'est aussi sans compter ces milliers d'autres personnes qui ne font pas nécessairement l'expérience d'une rencontre avec leur ange gardien mais qui n'en ressentent pas moins une «présence» quotidienne réconfortante qu'ils ne parviennent pas à expliquer ni à s'expliquer rationnellement. D'autres, encore plus nombreux, cherchent à entrer en communication avec leur ange gardien et souhaitent avoir, un jour, l'occasion de pouvoir même le contempler.

Mais pour quelles raisons tous ces gens, qui se comptent par milliers, par dizaines de milliers, souhaitent-ils tant entrer en communication avec leur ange gardien, sinon pour obtenir encouragement et réconfort, pour découvrir le sens profond du mot amour — le découvrir et le vivre — et, enfin, pour rêver d'être inondés par cette lumière qui éclaire la conscience.

Voyons les raisons qui nous incitent tous, sans distinction, à rêver d'un tel contact.

L'amour

L'une des raisons qui nous font souhaiter une rencontre ou un contact avec notre ange gardien, c'est que nous savons que, si cela survient, nous connaîtrons sans l'ombre d'un doute ce que représente vraiment l'amour de Dieu.

Notre ange gardien nous connaît très intimement, plus et mieux que nos parents ou notre conjoint. Dès le moment où nous avons été conçus, notre ange gardien était à nos côtés, il était en contact permanent avec tout notre être. Cet ange sait ce que nous voyons, ce que nous disons, ce que nous faisons, ce que nous ressentons, comment nous prions aussi. Il prend soin, avec tendresse, sinon avec passion, de notre bien-être spirituel tout autant que de notre santé physique. Il surveille la vie et la mort de chaque cellule de notre être. Surtout, il nous aime inconditionnellement, parce qu'il se nourrit de la lumière de Dieu et que Dieu est Amour.

Quand je parle d'amour, je ne parle pas du sentiment poétique, mais bien de l'amour comme moyen de communication fondamental, le moyen le plus merveilleux, le plus important et le plus puissant qui soit.

Notre ange gardien nous aime, et parce qu'il nous aime, il ne pense qu'à notre bien-être, il désire que nous soyons heureux et en paix avec nous-mêmes et avec les autres. Il veut nous faire connaître la sagesse et l'intelligence. Il souhaite ce qu'il y a de mieux pour nous. Il nous aime mais, en retour, nous devons l'aimer. Parce que nous savons, consciemment ou non, la place importante qu'il tient dans notre vie. Qui sait si le bras qui nous a sauvés lorsque nous allions nous faire heurter par une voiture, ou le réconfort que nous avons reçu le jour où nous étions déchirés par la douleur, ou encore les mots qui nous ont fait chaud au cœur au moment où la peine de la perte d'un être cher nous faisait tressaillir, qui sait donc si toutes ces actions n'étaient pas le résultat de l'intervention de notre ange gardien ou d'un autre ange? Nous ne pourrons jamais le savoir avec certitude mais, intérieurement, au plus profond de notre coeur, au plus profond de notre âme, nous savons que c'était là l'intervention d'un ange.

Mais l'être humain étant ce qu'il est, la curiosité l'habite. Nous sommes des êtres essentiellement curieux. Aussi ne faut-il pas se surprendre que moi, vous, des milliers d'autres personnes souhaitent communiquer avec leur ange gardien pour le remercier de son aide constante. C'est tout à fait normal de désirer ce genre de contact. Il n'y a là rien d'étrange: c'est simplement une forme d'amour, et l'univers tout entier fonctionne grâce à l'Amour. Si tout, dans notre vie, sur la terre, était motivé par l'Amour, le monde s'en trouverait complètement transformé.

Par le contact, la communication ou la rencontre avec notre ange gardien, c'est cet Amour que nous voulons connaître.

L'incertitude, les peurs

L'incertitude est sans doute le sentiment qui nous effraie le plus à l'heure actuelle. Nous ne sommes plus certains de rien. Nous avons peine à faire confiance à nos proches, à notre emploi, à notre société. Nous sommes remplis d'incertitudes, de peurs, à un point tel d'ailleurs que nous en sommes littéralement paralysés et que nous sommes incapables d'entreprendre la moindre transformation. Pourtant, nous savons que ce n'est pas ainsi que les choses — la vie — devraient être.

Nous voulons rencontrer notre ange gardien et avoir une relation avec lui parce que nous devinons qu'il n'est pas affecté par toutes nos incertitudes et nos peurs. Sa confiance en l'amour, duquel il est le serviteur, est absolue. Pour nous, donc, notre ange gardien est d'abord et avant tout une source de paix et de sérénité que nous voudrions voir rejaillir sur nous. Et nous sommes convaincus qu'une seule rencontre avec lui nous permettrait de vaincre ces terribles ennemies que sont l'incertitude et la peur.

Cette idée que nous avons des anges et de leurs pouvoirs est sans doute même en deça de la réalité puisque, ne l'oublions pas, les anges sont une matérialisation de la nature divine. Et, que l'on soit pratiquant ou non, nous sommes tous, à un niveau plus ou moins élevé, croyants; la recherche de Dieu fait donc partie intégrante de notre moi profond — cela est important.

En ce sens, être en contact avec notre ange gardien nous permet en quelque sorte de nous rapprocher de Dieu.

CHAPITRE 11

«Toucher» et être «touché»

Depuis l'instant de notre conception, comme je l'ai dit précédemment, notre ange gardien nous a accompagnés. Il n'y a pas eu un seul moment où il ne nous a pas accordé toute son attention; à chaque micro-seconde, à chaque battement de cœur, notre ange gardien communique avec notre esprit.

Beaucoup ne prennent pas réellement conscience de cette communication ininterrompue. Pourtant, il suffit de s'arrêter un moment, d'oublier les préoccupations quotidiennes terre-à-terre, de méditer ou de prier pour expérimenter la facilité avec laquelle vous pourrez entrer en contact, de la façon dont vous le souhaitez, avec votre ange gardien.

Certes, il n'existe aucune méthode infaillible pour contacter son ange gardien. Il faut garder à l'esprit que les anges sont des êtres indépendants, qui ont un pouvoir immense et une intelligence supérieure; aussi, jamais ils se manifesteront pour satisfaire un simple caprice. Les choses pourront toutefois être bien différentes si nos aspirations sont des plus nobles.

Lorsque les gens me demandent: «Comment puis-je entrer en contact avec mon ange gardien?» je réponds, fois après fois, «Vous l'avez déjà fait, votre ange gardien vous a même déjà répondu.» «Mais je n'ai rien entendu, je n'ai rien vu», protestent alors mes interlocuteurs. «Oui, vous l'avez ressenti, vous l'avez entendu. Mais vous ne l'avez pas réalisé parce que vous n'avez pas suffisamment développé votre vision et votre ouïe internes. Quand vous y serez parvenus, alors serez-vous capables de l'entendre et de le comprendre.»

La seule façon de se mettre au diapason de cette communication avec les anges, qui nous parlent constamment dans un langage qui s'adresse bien plus à notre esprit qu'à notre simple ouïe, c'est de préparer nos cœurs et nos esprits, parfois même nos corps si nous espérons un jour être «touchés» d'une manière que nous pourrons décrire comme angélique. Cependant, nos motifs pour désirer une telle rencontre doivent être des plus purs, et non pas entachés par l'intérêt ou la curiosité. Et même de cette façon, je serai honnête, vous ne pourrez jamais être certains que cette rencontre se produira. C'est la raison pour laquelle, contrairement à bien d'autres, je préfère, en ce qui concerne les contacts avec notre ange gardien ou avec n'importe quel ange, mettre l'emphase sur le plan spirituel plutôt que sur le plan physique.

Je suis convaincu que si une rencontre avec notre ange gardien est vraiment nécessaire, Dieu ou notre ange la feront se produire.

Chapitre 12

Le grand privilège

Personne ne peut nous assurer que nous allons pouvoir rencontrer notre ange gardien dans cette dimension, mais je crois tout de même qu'il est possible que nous ayons un contact avec lui. Je dirais même que nous devrions tous désirer avoir un tel contact.

Le cœur parle au cœur; je pense que c'est là l'idée de base que devraient avoir à l'esprit tous ceux qui sont sérieusement à la recherche d'un contact avec leur ange gardien, parce que c'est à travers le cœur et l'esprit que nous touchons le plus souvent nos anges et de la manière la plus gratifiante. Ils sont particulièrement attirés vers ceux qui cherchent à donner ou à développer une dimension spirituelle dans leur vie.

Je l'ai déjà souligné, nos anges sont en contact permanent avec nous. Ils ne nous surveillent pas du ciel; ils sont près de nous, même si nous ne pouvons pas les voir. Devenir conscients de la présence cachée des anges dans nos vies n'est pas vraiment difficile, mais cela n'exige pas moins une grande recherche sur soi et une patience infinie.

Même s'ils ne partagent pas directement avec nous leur sagesse et leur intuition, il faut savoir que les anges nous inondent de leur amour, et de leur lumière. Nos corps, essentiellement différents, pourront probablement ne jamais se toucher, mais nos cœurs le peuvent, eux, avec la plus grande des facilités.

Si nous travaillons à améliorer cette sensibilité à la présence des anges, cela facilitera les choses. Avec le temps, l'expérience, les recherches et les études que j'ai menées sur le sujet, il m'apparaît évident que la réunion d'un certain nombre de facteurs favorise la manifestation des anges.

En fait, j'irais même jusqu'à dire qu'il existe quatre facteurs qui déterminent si oui ou non nous sommes de ceux qui pourront avoir le privilège — car c'est effectivement un privilège — d'avoir un contact avec leur ange gardien.

- Il faut que cela fasse partie du plan de Dieu.
- Il faut que nous comprenions l'essence même de ce que sont et font les anges, et acceptions qu'il puisse y avoir des limites à leur intervention.
- Il faut que les motifs qui nous animent soient purs.
- Enfin, il faut que nous soyons prêts à faire une telle rencontre.

Au-delà de cela, il faut aussi, et surtout, se préparer à cette rencontre, et le faire avec sérieux et amour. Parce que si nous voulons communiquer avec notre ange gardien, nous devons apprendre le langage qui est le leur (celui de l'amour), nous imposer des priorités, décider pourquoi nous voulons ce genre de contact et ce que nous espérons obtenir. Se préparer signifie donc entreprendre un certain travail qui consiste à savoir où nous en sommes vraiment dans notre vie spirituelle, admettre que nous avons encore un long chemin à parcourir... même si beaucoup a déjà été fait. Simple, direz-vous? Vous seriez étonnés de constater le nombre de personnes qui n'ont jamais véritablement accordé d'attention à leur vie spirituelle, un peu comme si c'était quelque chose qui allait de soi, qui n'avait pas besoin d'être développé, travaillé. Je résumerai en disant qu'avant de décider où nous devons aller, nous devons savoir où nous en sommes.

Chapitre 13

Découvrez-vous vous-même

Savoir qui l'on est vraiment n'est pas une tâche facile, mais elle est essentielle si vous désirez apprendre à communiquer avec votre ange gardien. Notre ange gardien nous connaît d'une façon plus intime que nous nous connaissons nous-mêmes, il se souvient des moindres instants de notre vie; nous ne pouvons sans doute pas penser à développer notre mémoire d'une telle façon mais cela ne doit pas nous empêcher d'essayer de nous souvenir le plus possible de notre vie — en fait, nous devons savoir qui nous sommes vraiment.

Un premier exercice

Pour nous préparer, nous devons d'abord nous accorder du temps. Lorsque nous avons décidé de nous livrer à cette introspection, il nous faut nous placer dans un état de calme et de détente. Idéalement, nous devrions nous livrer à cet excercice à un moment du jour — ou de la nuit — où notre énergie mentale est à son plus fort, parce que cet exercice en est un de volonté et d'esprit. Nous pouvons choisir une pièce tranquille ou nous installer à l'extérieur; le seul prérequis, en fait, est de s'assurer de ne pas être dérangé. N'écoutez pas de musique en même temps, cela pourrait vous distraire. Il convient de choisir une chaise ou un fauteuil dans lequel nous nous tiendrons bien droit, qui nous permettra de rester alerte et de garder toute notre attention sur ce que nous sommes en train de faire.

Nous prendrons quelques minutes pour nous habituer à cet environnement, et profiterons de ces instants pour faire le vide dans notre esprit. Puis nous réciterons une brève prière pour demander de l'aide. J'adresse toujours la mienne à Jésus parce que je suis persuadé qu'il est le Fils de Dieu et que c'est une présence forte qui m'habite. Cette prière doit être personnelle. Voici l'une de celles que j'utilise régulièrement:

Jésus, je te demande humblement de m'aider à savoir ce que je dois savoir sur moi-même: qui je suis, d'où

je viens, où je vais, et ce que je dois faire durant mon passage, ici, sur cette terre.
Je demande ton aide et ta lumière pour comprendre ce que cela veut dire être humain, ce que je représente dans ton plan d'Amour.
Je te remercie pour la sagesse et pour la lumière que tu me procures pour accomplir ma tâche.

Restez assis quelques minutes, et demandez-vous à vous-même: «Qui suis-je?», et répondez avec tous les détails possibles. Il n'y a pas de bonne ou de mauvaise réponse, vous êtes ce que vous êtes.

Votre réponse doit être une description de qui vous êtes, tant sur le plan physique que spirituel. Par exemple:

Je me nomme Sylvain Charron...
Je suis né dans la région de Sherbrooke...
J'ai vécu dans une famille heureuse...
J'ai grandi...
J'ai des qualités, elles sont... mais j'ai aussi des défauts ...
Dans la vie, je fais...

Nous devons dire tout ce qui nous passe par la tête, pour autant que cela nous concerne. Cette description de ce que nous sommes doit être la plus détaillée possible. Il ne faut pas se préoccuper que les faits soient présentés de façon cohérente ou chronologique.

Il nous faut prendre tout notre temps, car cet exercice ne devra être fait qu'une fois, mais avec beaucoup d'attention. Cela peut durer des heures, et même se prolonger sur plusieurs sessions. Il n'est pas nécessaire que cet exercice soit complété dans un laps de temps déterminé.

Lorsque nous avons terminé — lorsque nous sommes sûrs que nous avons terminé — nous devrions avoir prononcé des dizaines, voire des centaines d'affirmations sur ce que nous sommes, sur ce que nous voulons être. Nous ne pourrons alors faire autrement que de réaliser comment nous sommes des êtres complexes, réaliser aussi comment nous avons pu, d'une façon ou d'une autre, influencer la vie des gens qui ont croisé notre route.

La conscience de ce que nous sommes sera un premier pas vers une transformation profonde, et nul doute que l'ange gardien de chacun l'aidera à réaliser convenablement cet exercice.

Un deuxième exercice

Être capable de comprendre le langage qu'utilisent les anges pour communiquer dépend en partie de notre conscience et de notre compréhension. Mais, encore, cela dépend de notre volonté de connaître Dieu, Source de toute vie, Père de tous les humains et de tous les anges. Retenez bien la phrase qui suit, je crois qu'elle est la plus importante de ce livre: si nous ne sommes pas à la recherche de Dieu, si nous ne sommes pas prêts à recevoir son Amour, nous ne pourrons probablement jamais établir une véritable communication avec notre ange gardien.

Les anges sont des créatures de Dieu et ils ont été créés pour servir Dieu, pour perpétuer sa gloire et surveiller sa Création. La seule chose qui importe vraiment pour eux, c'est la réalisation et le bon déroulement du plan de Dieu. Les anges parlent le langage de Dieu, le langage de l'amour. Si nous voulons communiquer avec notre ange gardien ou avec n'importe quel ange, nous devons parler le même langage d'amour.

La mise en train de ce deuxième exercice nécessitera la même préparation et les mêmes conditions que le premier. Cette fois, cependant, l'objet de notre recherche sera orienté vers Dieu. Là encore, il n'y a pas de bonne ou de mauvaise réponse, parce que le but est de nous faire réaliser où nous en sommes sur le plan spirituel, quel genre de relation nous avons développé avec Dieu.

Lorsque nous sommes prêts, nous adressons notre prière à notre Père du ciel, une prière qui peut être très personnelle. La mienne est brève, elle pourra vous servir d'exemple:

Père, je m'adresse à toi en toute humilité pour que tu m'aides à comprendre qui tu es, le pourquoi de la vie

et le rôle que tu me réserves pour mon passage sur cette terre.
Je te demande, en toute simplicité, de m'aider à trouver les réponses que je cherche.
Père, je te remercie pour toutes ces images que tu m'envoies.

Ensuite, nous dirons à voix haute, calmement et clairement, les idées qui nous viennent à l'esprit et qui concernent Dieu.

Lorsque nous avons fini — le temps importe peu, comme le nombre de sessions qui nous sont nécessaires — nous savons qui est l'Être suprême et ce qu'il représente, pour nous.

Contrairement au premier exercice, celui-ci devra être répété (il pourra cependant être plus bref) avant chacune des sessions de méditation au cours desquelles vous chercherez à communiquer avec votre ange gardien.

Vous pourrez ensuite songer à tenter de communiquer avec votre ange gardien. Là encore, il est nécessaire d'essayer de se retrouver dans conditions optimales pour réussir. La première chose à laquelle on se consacrera sera de trouver, comme pour les méditations auxquelles nous nous sommes livrés précédemment, un endroit tranquille dans la maison, en retrait de l'activité des autres membres de la famille et à l'abri du dérangement.

Nous devons nous assurer d'un silence complet, plonger la pièce dans la pénombre et ne garder allumée qu'une veilleuse ou, encore mieux, on allumera une chandelle, blanche de préférence.

Nous choisirons ensuite une chaise, sur laquelle nous prendrons place de façon à être bien à l'aise afin de rester alerte afin de pouvoir le mieux possible ressentir notre ange gardien et qui, on le sait maintenant, peut se manifester par un échange de pensées ou une «conversation».

Lorsque nous nous sentons prêts, nous nous concentrons sur le silence, nous fixons la lueur. Nous cherchons le plus et le mieux possible à nous détacher de l'espace physique. Après avoir fait le vide autour de nous, nous devons maintenant faire le vide en nous. Nous y parviendrons en fermant les yeux, sans les crisper, et en laissant défiler les images mentales qui peuvent apparaître.

Nous sommes alors dans des conditions idéales pour accueillir notre ange gardien s'il désire se manifester. Il faut cependant rester conscients que ces manifestations peuvent ne pas se produire à chaque fois que nous essayons d'établir le contact, ou ne pas se produire comme nous nous y attendions.

CHAPITRE 14

Pourquoi et comment communiquer avec son ange gardien

Avant de mettre en pratique ces exercices qui ont pour but de nous mettre au diapason de notre ange gardien, il est cependant nécessaire, sinon essentiel, de connaître les véritables motifs qui nous animent et nous incitent à entrer en communication avec lui. Je l'ai dit précédemment, ces motifs doivent être élevés, nobles, mais il n'est pas anormal que certains soient plus ordinaires.

Les raisons qui reviennent le plus souvent sont les suivantes:

- Je veux vivre une vie en accord avec la volonté de Dieu, et je crois que mon ange peut m'aider à le faire.
- Je veux que quelqu'un me guide et m'indique la voie à suivre, je suis certain que le jugement de mon ange gardien est meilleur que le mien.
- Je veux aider à guérir le monde, et les anges sont des guérisseurs.
- Je veux développer au maximum les dons et les talents que Dieu m'a donnés.
- Je désire que mon ange gardien m'aide à surmonter mes difficultés et m'aide à régler mes problèmes.
- Je suis très curieux en ce qui concerne l'existence des anges, et je voudrais en savoir davantage.

Même si toutes ces raisons ne sont pas nécessairement bonnes, et si certaines sont absolument éloignées des tâches dévolues aux anges, il n'est pas impossible que nos anges acceptent nos motifs et, surtout, qu'ils sachent les utiliser et les transformer pour nous faire atteindre un plan d'évolution plus élevé.

Lorsque les anges se manifestent , ils le font en accord avec Dieu — lequel juge ces manifestations appropriées. Dans un tel cas, les anges nous contacteront sur un plan qui nous est accessible.

En grandissant, en nous épanouissant, nos propres pensées seront plus près de celles de notre ange gardien qui vit par et pour l'amour. Nous serons capables de comprendre ce qui le guide et nous pourrons l'atteindre dans son essence plus facilement.

En sachant qui nous sommes, connaissance liée à l'idée que nous avons de Dieu, si nous comprenons les motifs profonds qui nous font désirer communiquer avec notre ange gardien, nous pourrons alors poursuivre cet objectif et l'atteindre. L'important est de savoir qu'il est notre meilleur ami.

CHAPITRE 15

Comment savoir si nous avons vraiment communiqué avec notre ange gardien

Quiconque est sérieusement intéressé par ce phénomène et espère un contact personnel avec son ange gardien ne peut pas ne pas s'interroger. De nombreuses personnes ont vécu l'expérience d'une rencontre avec leur ange gardien, ou encore la recherchent sincèrement, et activement.

Une question revient souvent, lorsque les gens se sont livrés aux exercices dont j'ai fait mention et ont appelé leur ange gardien : «Comment savoir si le contact que j'ai eu avec mon ange gardien n'est pas simplement le produit de mon imagination?» Ou: «Je crois que j'ai été touché par un ange: suis-je fou? Comment savoir si c'était réellement un ange?»

Effectivement, la question se pose: comment reconnaître un ange qui nous apparaît? N'oublions pas que les anges ne se sont jamais «cachés». C'est simplement nous qui ignorons comment les chercher, où les trouver et, surtout, comment les reconnaître. Parce que les anges ont toujours été de fidèles compagnons, prêts à se mettre à l'œuvre pour nous venir en aide, comme je l'ai dit et répété. Ils ne se contentent pas de vivre en marge de notre existence; ils vivent parmi nous, pour peu que nous nous donnions la peine de les reconnaître.

Mais, justement, comment «reconnaître» un ange. Sil n'existe pas de «mode d'emploi» en tant que tel qui nous permette de le faire, il n'en reste pas moins que certains indices, certaines pistes, peuvent nous permettre d'y arriver.

Les spécialistes de l'angéologie s'entendent toutefois pour nous livrer ces indications qui devraient nous permettre d'avancer dans notre quête de la spiritualité et, éventuellement, communiquer et reconnaître les anges.

- Nous trouverons toujours un ange si nous ouvrons notre cœur au moment où nous nous lançons à leur recherche.
- Il arrivera souvent que nous ne réaliserons qu'après coup que nous avons été mis en contact avec un ange, en raison des transformations qui s'effectuent dans notre vie.
- Parfois aussi, nous ne reconnaissons un ange qu'après coup, aux miracles qui fleurissent sur son passage.
- Il ne faut jamais oublier que si les anges ne répondent pas toujours à nos appels, ils répondent toujours à nos besoins.
- Lorsque nous gardons le cœur ouvert, jamais les anges ne trompent notre attente.

Certaines expériences que des personnes ont eues avec des êtres spirituels ne sont pas nécessairement attribuables aux anges, même si nous le désirons pronfondément et que nous aimerions croire que c'est ce qui s'est produit. C'est pour cette raison qu'il est aussi nécessaire d'examiner de près ces expériences que nous avons vécues et les rencontres spirituelles que nous croyons avoir eues. Après tout, si c'est effectivement ce qui s'est passé — il ne faut pas écarter cette possibilité — ça ne peut être alors que pour une raison importante. Si un ange a vraiment «touché» notre vie, non seulement voulons-nous en prendre conscience, le savoir, mais nous voulons surtout pouvoir retirer de cette rencontre toute la nourriture spirituelle qui nous permettra de grandir et d'évoluer.

Cependant, il faut prendre conscience que la présence des anges est devenue aujourd'hui un phénomène si populaire que certains pourraient — ou voudraient — croire que des anges sont apparus à tout un chacun. Ces manifestations sont sans doute plus nombreuses que ce l'on pourrait imaginer, c'est une réalité incontournable. Aujourd'hui, des gens acceptent de parler de ce qu'ils taisaient en raison de la plus grande ouverture d'esprit des gens.

Cependant, il faut se garder de verser dans un excès contraire et s'imaginer que tout le monde a déjà communiqué avec son ange gardien ou avec un quelconque autre ange. Plusieurs de ces «apparitions» si abondamment commentées relèvent plus, il faut bien l'admettre, de l'imagination que de la réalité.

Beaucoup de ces expériences surnaturelles vécues ne sont pas reliées aux anges, malgré les efforts que certains peuvent déployer pour nous y faire croire, ou pour y croire. Une profonde recherche de la Lumière, de Dieu, peut influencer les gens et les convaincre, en raison de leur trop grand désir d'y croire, qu'ils ont vu un ange. Une maladie physique, psychologique et émotionnelle peut également provoquer une vision. Enfin, certains phénomènes naturels, comme un soleil qui rayonne ou un clair de lune, peuvent parfois nous inciter à croire que nous avons eu une vision.

Voici quelques principes de base qui, au moment d'une telle manifestation, pourront vous permettre d'établir clairement si vous êtes effectivement en contact avec un ange:

Une rencontre avec notre ange gardien ne nous laissera jamais avec un sentiment d'anxiété ou de doute.

Les anges sont des êtres de lumière; leur vie se déroule dans l'harmonie. Lorsqu'ils acceptent de communiquer avec nous, ils ne nous laissent jamais dans un état de doute ou d'anxiété. Bien au contraire, les anges viennent à notre rencontre pour nous suggérer des solutions et une voie à suivre — celle de Dieu, celle de l'amour. L'inspiration divine, qui est la leur et qu'ils nous transmettent, devrait nous apporter un sentiment de bien être extraordinaire. Cela ne signifie pas pour autant que les messages qu'ils nous livrent ne seront pas difficiles à assumer, mais le fait est qu'une lueur d'espoir nous sera toujours offerte. Toutefois, quel que soit le message, il a pour but essentiel de nous permettre d'accéder à une plus grande connaissance de nous-mêmes, ou de nos objectifs — de notre destin.

Les anges ne nous laissent jamais dans un état de confusion.

Saint Paul et plusieurs autres saints et prophètes ont fait mention que Dieu est un Dieu d'ordre et de clarté. Et la société angélique, comme nous l'avons vu dans ces pages, étant une société ordonnée, il est donc impensable que de tous ces êtres de Lumière, de Sagesse et d'Ordre il résulte autre chose que lumière, sagesse et ordre. Cela ne signifie pas que certains des messages que les anges nous transmettent de la part de Dieu ne peuvent pas dépasser notre compréhension. C'est quelque chose de possible, de probable même. Mais, avec le temps et la réflexion, ce message prendra toute sa signification. Si le message reste confus, alors peut-être faut-il penser qu'il émane de notre esprit — que nous voulions tellement cette rencontre avec notre ange gardien que nous nous la sommes tout simplement imaginée.

Les anges ne nous obligent jamais à faire quoi que ce soit.

Lorsque les anges nous livrent un message, ce message vient de Dieu. Les anges ne sont que les messagers. Comme Dieu nous a créés en nous laissant le libre arbitre de notre vie, le message, quel qu'il soit, n'aura jamais pour but de nous obliger à faire quelque chose. Dieu ne nous force et ne nous forcera jamais d'aucune manière, ni directement, ni par l'entremise des anges. Ce qui émane de Dieu, donc, n'a pour objectif que de nous aider à faire des choix éclairés. Lorsque les anges nous livrent leurs messages, nous devons toujours garder à l'esprit que la compréhension et la mise en œuvre de ceux-ci passent par notre volonté et par notre intelligence. Cela est vrai, même dans les circonstances les plus exceptionnelles. Par exemple, l'archange Gabriel, lors de son apparition à la Vierge Marie ne lui a pas dit: «Marie, tu es maintenant enceinte du Fils de Dieu.» Il lui a parlé de cette naissance comme d'une possibilité et des bouleversements que cela amènerait pour l'humanité dans l'éventualité de son acceptation de devenir la mère de Dieu. C'est là la meilleure preuve qu'en toutes circonstances Dieu nous laisse le libre choix.

Il faut examiner attentivement les éventuelles conséquences d'une rencontre avec un ange.

Jésus a dit: «Vous reconnaitrez l'arbre à ses fruits.» Une rencontre avec un ange, voulue par Dieu et pas seulement provoquée par notre imagination, doit nécessairement donner de «bons fruits» — quoiqu'il arrive même parfois, lorsque notre propre besoin de Dieu est si grand qu'il nous amène à imaginer une telle rencontre, que nous puissions également y trouver de «bons fruits». Dit plus simplement, cela se résume à ce que le message qui nous est transmis lors de contact avec notre ange gardien — ou n'importe quel ange — est un message qui nous redonnera confiance et espoir.

Les anges nous apportent la Lumière.

Une autre façon de découvrir si nous avons bel et bien été mis en contact avec un ange est d'examiner ce que le «messager» a dit et fait. Les anges ayant été créés par Dieu, les messages qu'ils nous livrent doivent donc toujours être remplis de lumière, de joie, de paix, de sagesse, d'amour, de courage et de confiance. Les interventions angéliques devront également nous apporter la Lumière, la Paix, la Sérénité.

Les anges sont désintéressés.

Jamais un ange ne vous demandera quoi que ce soit pour son bénéfice personnel. Une des plus grandes qualités de l'ange, comme de Dieu d'ailleurs, est un désintéressement total. La seule motivation qui l'anime est l'amélioration de notre condition à nous, humains, sur lequel il doit veiller.

Une rencontre avec un ange nous transforme.

Je ne veux pas dire que notre vie sera nécessairement transformée du tout au tout. Mais lorsque Dieu nous touche à travers ses anges, nous ne pouvons pas ne pas connaître un certain nombre de changements, une certaine évolution favorable, qui peut se traduire de différentes façons. Cette rencontre peut susciter, en nous, une nouvelle curiosité ou un nouvel intérêt vis-à-vis de la vie spirituelle. Elle peut nous faire réaliser combien nous sommes vraiment bénis. Elle peut également nous inciter à une plus grande gratitude et à une plus grande compassion vis-à-vis des plus démunis que nous, autant sur le plan matériel que spirituel. Cette rencontre, plus simplement, peut nous aider à comprendre le véritable amour que Dieu nous porte, et cela peut être particulièrement vrai lorsque notre ange nous sauve d'une situation périlleuse. Mais, quoi que nous procure cette rencontre, il nous en restera, au-delà de la réalité concrète, un certain état de grâce. Aucune rencontre angélique ne nous laissera jamais indifférents, et après une telle rencontre, nous ne serons plus jamais comme nous étions auparavant — et nous le réaliserons.

Les rencontres avec les anges n'ont que des conséquences positives.

Nous pouvons être assurés que, lorsqu'un ange vient en mission sur la terre pour nous rencontrer, il apporte la paix et l'amour. Toutes ces interventions tendent à avoir des conséquences positives sur notre vie et notre environnement. Notre ange nous faisant profiter de la Lumière divine, nous faisons, nous aussi, par le fait même, rejaillir cette Lumière sur nos proches et sur notre entourage.

Chapitre 16

Nous sommes des parcelles divines

Le discernement des esprits devrait faire partie essentiellement de toute expérience qui tend à un contact avec le divin. Si nous avons eu une rencontre avec un ange, nous devons en analyser profondément tous les détails. Des éléments pratiques vous en ont été donnés dans les pages précédentes.

Cependant, il faut surtout nous demander si cette rencontre nous a amenés à un plus grand amour, ou à une plus grande sagesse; si cette rencontre nous a fait connaître une certaine plénitude; si, à la suite de cette rencontre, nous avons été «encouragés» à agir autrement que nous ne l'aurions fait habituellement. Si nous avons réellement eu un contact avec un ange, messager de Dieu, nous aurons immanquablement acquis quelque chose qui nous profitera pour le reste de notre vie. Si, en plus, nous avons désiré profondément cette rencontre, il convient de nous réjouir, car nous nous sommes rapprochés de l'amour de Dieu et nous aurons immanquablement pris conscience que nous sommes beaucoup plus qu'un simple humain: une parcelle divine. Un être de sagesse et d'amour.

Si nous avons réellement eu le privilège d'une rencontre avec un ange, cela nous aura aidés à atteindre un niveau de conscience supérieur, un niveau de conscience qui nous aura appris à nous aimer tels que nous sommes mais aussi, à ne jamais cesser de tendre vers l'amour. Nous nous sentirons alors plus libres d'aimer les autres en les considérant pour ce qu'ils sont vraiment, des parcelles divines eux aussi.

Un miracle se sera produit. Je ne veux pas nécessairement dire un miracle spectaculaire, mais un de ces petits miracles qui nous sont personnels et qui nous font sentir qu'il y a Quelqu'un qui nous aime et qui veille sur nous.

Notre ange, Dieu.

Troisième partie

Les vrais livres des anges

Chapitre 17

Les témoins originels

Bon nombre des ouvrages modernes sur les anges ont occulté la véritable nature des anges qui est celle d'être les envoyés, les messagers, parfois même les commissionnaires de Dieu, tel que cela ressort dans la Genèse au chapitre 28, verset 12, ou dans Matthieu au chapitre 4, verset 6, ou encore dans l'Épître aux Hébreux au chapitre 1, verset 14; ou d'être les «éxécutants» des décisions prises par Dieu, comme on le souligne au chapitre 103, verset 20, des Psaumes ou au chapitre 13, versets 54 à 58 de Daniel en grec. Les textes religieux anciens sont des sources inestimables d'information sur les anges.

Les premières références aux anges, on les trouve dans la Bible, dans l'Ancien comme dans le Nouveau Testament, ce qui signifie, en d'autres termes, que tout ce que l'on peut lire aujourd'hui — tout ce qui est publié sur le sujet — émane strictement de cette source. C'est à partir des témoignages des auteurs bibliques qu'ensuite, et ensuite seulement, de nombreuses hypothèses ont été formulées et l'imagerie touchant les anges, adaptée à des besoins et des causes aussi nombreuses que diverses. Sans doute, malgré tout, la nature des anges n'aura pas été détournée de sa véritable essence, mais elle aura tout au moins été assujettie à des modes ésotériques.

Ce que je vous propose c'est aussi de faire la découverte des véritables livres des anges qui sont des passages de ces livres qui composent la Bible, c'est-à-dire l'Ancien et le Nouveau Testament, écrits au cours d'une période qui va approximativement de 500 ans avant à 500 ans après Jésus-Christ. Les auteurs de ces livres sont les seuls véritables témoins de la Parole de Dieu et c'est à travers leur témoignage, souvent resté anonyme pour nous, que cette Parole, toujours vivante, peut parvenir à nous interpeller, nous éclairer et nous aider à nous faire notre propre idée de ce que sont réellement les anges.

Bien sûr, l'Ancien et le Nouveau Testament ont une longue histoire, dont beaucoup de points restent encore obscurs. À mon avis, il est cependant indispensable pour quiconque veut connaître l'essence des anges, leur nature et la véritable raison de leur existence, de savoir ce qui a réellement — historiquement — été dit à leur sujet par ceux-là mêmes qui ont été les premiers à en témoigner, il y a plus de deux mille ans.

Pour vous, j'ai retrouvé les passages les plus significatifs des livres bibliques où il est question des anges; j'en indique même les chapitres et les versets pour ceux qui souhaiteraient approfondir leur découverte et pousser plus loin leur réflexion. (Les petits chiffres devant chaque passage correspondent au numéro des versets.)

Un avertissement toutefois. J'ai choisi de vous présenter des extraits empruntés à la traduction œcuménique de la Bible, indubitablement la traduction la plus moderne et la plus utilisée par les chrétiens de toutes les Églises. Cependant, en raison des exigences de cette traduction, les anges ne sont pas toujours présentés sous le vocable d'«anges»; on les nomme parfois «hommes», parfois «princes», parfois encore «Seigneurs», mais vous les reconnaîtrez sans difficulté, ne serait-ce qu'en raison du fait qu'on les décrit comme des êtres animés de qualités et de volonté fantastiques.

De la Genèse à l'Apocalypse de saint Jean, les témoignages que vous lirez, qui vous sont livrés sous forme d'extraits, ont ceci d'intéressant: ils sont la réalité et ils dépassent, de beaucoup, la fiction de certains auteurs qui nous présentent simplement les anges comme des créatures ésotériques. Ils sont plus que cela, beaucoup plus, et ils peuvent plus parce qu'ils sont des créatures de Dieu.

J'ai évoqué la réalité ésotérique, restons-y le temps de quelques lignes pour clarifier certains points. L'existence et la finalité des anges telles que présentées dans certains ouvrages ésotériques ne sont pas nécessairement différentes de celles présentées dans les livres de la Bible.

Que des anges apparaissent à des hommes, c'est possible; que des anges empruntent différentes formes lors de ces apparitions, c'est également possible. Il est évident que les anges puissent servir de messagers à Dieu. Dans cette perspective, il est également possible, sinon probable, que nous ayons notre propre ange gardien. Mais la réalité ésotérique ne semble présenter que les aspects qui nous réconfortent dans l'idée que les anges sont nos serviteurs. Or ce n'est pas le cas et vous le remarquerez dans certains extraits que je vous présente et dans lesquels les anges sont des serviteurs de Dieu avant tout... ils ne font que ce que Dieu permet. Ils nous accompagnent sur le chemin de la vie afin de nous rapprocher du cœur de Dieu qui est Amour. Là est leur seul but.

Si les anges se manifestent de plus en plus aujourd'hui, c'est pour nous transmettre un message d'Espoir et d'Amour de la part de Dieu.

Ils viennent nous dire: «Méfiez-vous des faux prophètes qui viennent détruire le Visage de Dieu. Le Dieu Vivant n'est pas un dieu énergie, un dieu cosmique, un dieu mystérieux, un dieu ésotérique, non. Le Dieu Vivant est un Père mendiant d'amour qui vous aime à la folie.» Cessez de chercher le Visage de Dieu dans les philosophies complexes qui vous disent qu'il faut la connaissance pour être proche de Dieu; le Dieu Vivant est simple et il veut se faire proche de chacun de vous, car «nul n'est trop petit pour Lui». Là est le message principal des anges.

Si l'existence des anges vous intéresse et pique votre curiosité, n'est-il pas préférable de connaître la vérité, telle qu'enseignée par la Parole de Dieu, plutôt que de ne prendre que les éléments réconfortants qui nous sont livrés par ces prophètes modernes qui risquent de travestir la raison de l'existence de anges: être les messagers et les éxécutants de Dieu?

Je le crois.

Tout chrétien convaincu le croira aussi — j'en suis convaincu — car, ainsi, l'Espoir nous est permis.

NOTE: Les citations reproduites proviennent de la traduction œcuménique de la Bible, comprenant l'Ancien et le Nouveau Testament — traduits sur les textes originaux hébreux et grecs. Nous avons préféré celle-ci aux autres puisque cette version est commune aux diverses confessions chrétiennes.
Nous vous rappelons aussi que les petits chiffres devant chaque passage correspondent aux numéros des versets.

---

1 Je vis ensuite un autre ange descendre du ciel. Il avait un grand pouvoir et la terre fut illuminée de sa gloire.

— Apocalypse, 18, 1

***

11 Il [Jacob] fut surpris par le coucher du soleil en un lieu où il passa la nuit.
Il prit une des pierres de l'endroit,
en fit son chevet et coucha en ce lieu.

12 Il eut un songe: voici qu'était dressée sur terre une échelle dont le sommet touchait le ciel; des anges de Dieu y montaient et y descendaient.

— Genèse, 28, 11-12

***

19 Le Seigneur a établi son trône dans les cieux, et sa royauté domine tout.
20 Bénissez le Seigneur, vous ses anges,

forces d'élite au service de sa parole,
qui obéissez dès que retentit sa parole.

— Psaumes, 103, 19-20

***

1 Alors je vis un ange qui descendait du ciel. Il avait
à la main la clé de l'abîme et une lourde chaîne.
2 Il s'empara du dragon, l'antique serpent, qui est le
Diable et Satan,
et l'enchaîna pour mille ans.

— Apocalypse, 20, 1-2

(Lorsque nous mettrons notre ange gardien dans notre vie, par la prière, il nous protègera du Mal.)

***

3 L'ange du Seigneur apparut à cette femme et lui dit :

«Je sais que tu es stérile et que tu n'as pas d'enfant,
mais tu vas concevoir et enfanter un fils.
4 Désormais, abstiens-toi de boire du vin ou une
boisson alcoolisée, ne mange rien d'impur, car voici
que tu vas concevoir et enfanter un fils.
Le rasoir ne passera pas sur sa tête,
car ce garçon sera consacré à Dieu dès le sein maternel.

— Juges, 13, 3-4

ST. MICHEL

Prière à Saint Michel Archange pour la conversion des avorteurs

Saint Michel Archange, défendez-nous dans le combat et soyez notre protecteur contre la méchanceté et les embûches du démon. Que Dieu le réprimande, nous l'en prions humblement. Et vous, prince de la milice céleste, par le pouvoir divin qui vous a été confié, précipitez en enfer, Satan et les autres esprits malins qui parcourent le monde pour la perte des âmes. Amen

Rejoignez notre campagne de prières!
www.hli.org/st_michael_prayer.html

Human Life International
4 Family Life Lane • Front Royal, VA 22630
800-549-5433 • www.hli.org

20 L'ange de Dieu lui dit: «Prends la viande et les pains sans levain, pose-les sur cette roche et répands le jus!» Ainsi fit Gédéon.
21 L'ange du Seigneur étendit l'extrémité du bâton qu'il avait à la main et toucha la viande et les pains sans levain. Le feu jaillit du rocher et consuma la viande et les pains sans levain. Puis l'ange du Seigneur disparut à ses yeux.
22 Alors Gédéon vit que c'était l'ange du Seigneur, et il dit: «Ah! Seigneur Dieu, j'ai donc vu l'ange du Seigneur face à face!»
23 Le Seigneur lui dit: «La paix est avec toi! Ne crains rien; tu ne mourras pas.»

— Juges, 6, 20-23

(Avant de venir à notre secours, l'ange nous demande toujours de faire les premiers pas afin de lui démontrer notre bon vouloir.)

***

8 Il y avait dans le même pays des bergers qui vivaient aux champs et montaient la garde pendant la nuit auprès de leur troupeau.
9 Un ange du Seigneur se présenta devant eux, la gloire du Seigneur les enveloppa de lumière et ils furent saisis d'une grande crainte.

— Luc, 2, 8

***

7 Moi, Daniel, je vis seul l'apparition;
les gens qui étaient avec moi ne virent
pas l'apparition, mais une grande terreur tomba sur
eux et ils s'enfuirent en se cachant.

— Daniel, 10, 7

***

30 Au bout de quarante ans, un ange lui apparut
au désert du mont Sinaï, dans la flamme
d'un buisson en feu.
31 Moïse, étonné par cette vision voulut s'approcher
pour regarder; la voix du Seigneur
se fit entendre;
32 «Je suis le Dieu de tes pères, le Dieu
d'Abraham, d'Isaac et de Jacob.»
Tout tremblant, Moïse n'osait plus regarder.
33 Alors le Seigneur lui dit: «Ote les sandales de tes
pieds, car le lieu où tu te tiens
est une terre sainte.
34 Oui, j'ai vu la misère de mon peuple en Égypte et
j'ai entendu son gémissement; je suis descendu pour le
délivrer. Et maintenant,
va, je veux t'envoyer en Égypte.»

— Actes, 7, 30-34

***

*3 Après avoir accompli la purification
des péchés, il [Jésus] s'est assis à droite de la Majesté
dans les hauteurs, devenu d'autant supérieur
aux anges qu'il a hérité d'un nom bien différent
du leur.*

— Hébreux, 1, 3

*(Il ne faut jamais confondre Dieu et les anges.
Les anges sont d'abord et avant tout serviteurs de Dieu.)*

***

*6 Hérode allait le faire comparaître.
Cette nuit-là, Pierre dormait entre deux soldats,
maintenu par deux chaînes,
et des gardes étaient en faction devant la porte.
7 Mais, tout à coup, l'ange du Seigneur surgit et
le local fut inondé de lumière. L'ange réveilla Pierre
en lui frappant le côté: «Lève-toi vite!» lui dit-il.
Les chaînes se détachèrent des mains de Pierre.
8 Et l'ange de poursuivre:
«Mets ta ceinture et lace tes sandales!»
Ce qu'il fit. L'ange ajouta:
«Passe ton manteau et suis-moi!»
9 Pierre sortit à sa suite; il ne se rendait pas compte
que l'intervention de l'ange était réelle mais il croyait
avoir une vision.*

— Actes, 12, 6-9

***

12 *Ils [les anges] te porteront dans leurs bras pour*
que ton pied ne heurte pas de pierres;
13 *tu marcheras sur le lion et la vipère,*
tu piétineras le tigre et le dragon.

— Psaumes, 91, 12-13

(Avec l'aide de l'ange gardien, nous pouvons regarder le Mal en face et ne pas avoir peur. Il nous vient en aide dans les épreuves.)

***

18 *Voici quelle fut l'origine de Jésus Christ. Marie, sa*
mère, était accordée en mariage à Joseph; or, avant
qu'ils aient habité ensemble, elle se trouva enceinte
par le fait de l'Esprit Saint.
19 *Joseph, son époux, qui était un homme juste et ne*
voulait pas la diffamer publiquement, résolut de la
répudier secrètement.
20 *Il avait formé ce projet, et voici que l'Ange du*
Seigneur lui apparut en songe et lui dit: «Joseph, fils
de David, ne crains pas de prendre chez toi Marie,
ton épouse: ce qui a été engendré en elle vient de
l'Esprit Saint
21 *et elle enfantera un fils auquel tu donneras le nom*
de Jésus, car c'est lui qui sauvera son peuple de ses
péchés. [...]

24 À son réveil, Joseph fit ce que l'Ange du Seigneur
lui avait prescrit [...]
— Matthieu, 1, 18-24
(L'ange se fait rassurant dans nos moments de doute.)

***

5 Alors le diable l'emmène [Jésus]
à la Ville Sainte, le place sur le faîte du Temple
6 et lui dit: «Si tu es le Fils de Dieu,
jette-toi en bas, car il est écrit "Il donnera pour toi des ordres à ses anges et ils te porteront sur leurs mains pour t'éviter de heurter du pied quelque pierre".»
7 Jésus lui dit: «Il est aussi écrit:
"Tu ne mettras pas à l'épreuve le Seigneur ton Dieu".»
— Matthieu, 4, 5-7

***

8 Le diable l'emmène [Jésus] encore sur une très haute montagne; il lui montre tous les royaumes du monde avec leur gloire
9 et lui dit : «Tout cela je te le donnerai, si tu te prosternes et m'adores.»
10 Alors Jésus lui dit:
«Retire-toi, Satan! Car il est écrit:
"Le Seigneur ton Dieu tu adoreras et c'est à lui seul que tu rendras un culte.»

11 Alors le diable le laisse, et voici que des anges s'approchèrent, et ils le servaient.

— Matthieu, 4, 8-11

***

13 Alors à l'ange qui me parlait,
le Seigneur donna une réponse encourageante,
une réponse consolante.

— Zacharie, 1, 13

(Notre ange gardien transmet toujours nos prières à Dieu.)

***

47 Le royaume des cieux est encore comparable à un filet qu'on jette en mer et qui ramène toutes sortes de poissons.
48 Quand il est plein, on le tire sur le rivage puis, on s'assied,
on ramasse dans des paniers ce qui est bon
et l'on rejette ce qui ne vaut rien.
49 Ainsi en sera-t-il à la fin du monde: les anges surviendront et sépareront les mauvais d'avec les justes,
50 et ils les jetteront dans la fournaise de feu;
là seront les pleurs et les grincements de dents.

— Matthieu, 13, 47-50

***

[27] Car le Fils de l'homme va venir avec ses anges
dans la gloire de son Père;
et alors il rendra à chacun selon sa conduite.

— Matthieu, 16, 27

***

[10] Alors je me prosternai à ses pieds [de l'ange] pour l'adorer, mais il me dit: Garde-toi de le faire! Je suis un compagnon de service, pour toi et pour tes frères qui gardent le témoignage de Jésus.

— Apocalypse, 19, 10

(Les anges n'acceptent pas qu'on leur fasse un culte d'Abraham. Leur seul but c'est de nous mener à Jésus, Fils de Dieu.)

***

[22] Au-dessus de la tête des vivants,
la ressemblance d'un firmament,
étincelant comme un cristal resplendissant; il
s'étendait sur leurs têtes, bien au-dessus.
[23] En dessous du firmament, leurs ailes étaient
tendues l'une vers l'autre.
Chacun en avait deux qui le couvraient, chacun en
avait deux qui lui couvraient le corps.

— Ézéchiel, 1, 22-23

***

31 Et il enverra ses anges avec la grande trompette, et, des quatre vents, d'une extrémité des cieux à l'autre, ils rassembleront ses élus.

— Matthieu, 24, 31

***

27 Les satrapes, les intendants, les gouverneurs et les conseillers du roi se rassemblèrent. Ils virent ces hommes: le feu n'avait eu aucun pouvoir sur leur corps; la chevelure sur leur tête n'avait pas été roussie; leurs manteaux étaient intacts et l'odeur de feu n'avait pas passé sur eux.
28 Nabuchodonosor prit la parole et dit: «Béni soit le Dieu de Shadrak, Méshak et Abed-Négo, qui a envoyé son Ange et sauvé ses serviteurs.»

— Daniel, 3, 27-28

***

14 Ne sont-ils pas tous [les anges] des esprits remplissant des fonctions et envoyés en service pour le bien de ceux qui doivent recevoir en héritage le salut?

— Hébreux, 1, 14

***

16 Car lui-même, le Seigneur, au signal donné, à la voix de l'archange et au son de la trompette de Dieu, descendra du ciel: alors les morts en Christ

ressusciteront d'abord;
17 ensuite nous, les vivants, qui seront restés, nous serons enlevés avec eux sur les nuées, à la rencontre du Seigneur, dans les airs, et ainsi nous serons toujours avec le Seigneur.

1 Thessaloniciens, 4, 16-17

***

11 Alors je vis: Et j'entendis la voix d'anges nombreux autour du trône, des animaux et des anciens. Leur nombre était myriades de myriades et milliers de milliers.

— Apocalypse, 5, 11

***

2 L'ange du Seigneur lui apparut dans une flamme de feu, du milieu du buisson. Il regarda : le buisson était en feu et le buisson n'était pas dévoré.
3 Moïse dit: «Je vais faire un détour pour voir cette grande vision:
pourquoi le buisson ne brûle-t-il pas?»
4 Le Seigneur vit qu'il avait fait un détour pour voir, et Dieu l'appela du milieu du buisson: «Moïse! Moïse!»

—Exode, 3, 2-4

***

*7 Et voici que l'ange qui me parlait s'avança tandis
qu'un autre ange venait à sa rencontre.
8 Il lui dit: «Cours, parle à ce jeune homme
là-bas [...]».*

— Zacharie, 2, 7-8

***

10 Gardez-vous de mépriser aucun de ces petits, car, je vous le dis, aux cieux leurs anges se tiennent sans cesse en présence de mon Père qui est au cieux.

— Matthieu, 18,10

(Nul n'est trop petit pour le Dieu du ciel.)

***

*7 Il y eut alors un combat dans le ciel:
Michaël et ses anges combattirent contre le dragon. Et
le dragon lui aussi combattait avec ses anges,
8 mais il n'eut pas le dessus:
il ne trouva plus de place pour eux dans le ciel.*

— Apocalypse, 12, 7-8

*(Le Bien sera toujours vainqueur du Mal.
«N'ayez pas peur, j'ai vaincu le monde.»)*

***

2 Et voilà qu'il se fit un grand tremblement de terre: l'Ange du Seigneur descendit du ciel, vint rouler la pierre et s'assit dessus.

*3 Il avait l'aspect de l'éclair et son vêtement était
blanc comme neige.*

— Matthieu, 28, 2-3

***

*21 Je parlais encore en prière, quand Gabriel, cet
homme que j'avais vu précédemment dans la vision,
s'approcha de moi d'un vol rapide au moment de
l'oblation du soir.
22 Il m'instruisit et me dit: «Daniel, maintenant je
suis sorti pour te conférer l'intelligence.
23 Au début de tes supplications a surgi une parole et
je suis venu te l'annoncer car tu es l'homme
des prédilections!
Comprends la parole et aie l'intelligence de la vision.»*

— Daniel, 9, 21-23

***

*20 [...] mais mon seigneur est sage,
aussi sage que l'ange de Dieu :
il sait tout ce qui se passe sur la terre.*

— 2 Samuel, 14, 20

*(L'ange gardien connaît tout de nous,
nous ne pouvons rien lui cacher.)*

***

*20 «Je vais t'envoyer un ange devant toi pour
te garder en chemin et te faire entrer dans le lieu
que j'ai préparé.*

21 Prends garde à lui et entends sa voix, ne le contrarie pas, il ne supporterait pas votre révolte, car mon nom est en lui.»

— Exode, 23, 20-21

(L'ange accepte difficilement que l'on s'éloigne de l'Amour.)

***

5 Je levai les yeux et regardai, et voici qu'il y avait un homme vêtu de lin; il avait une ceinture d'or pur autour des reins.
6 Son corps était comme de la chrysolite, son visage comme l'aspect de l'éclair, ses yeux, comme des torches de feu, ses bras et ses jambes, comme l'éclat du bronze poli, et le bruit de ses paroles comme le bruit d'une foule.

— Daniel, 10, 5-7

***

2 Des séraphins se tenaient au-dessus de lui.
Ils avaient chacun six ailes:
deux pour se couvrir le visage,
deux pour se couvrir les pieds
et deux pour voler.

— Ésaïe, 6, 2

***

9 Je prends les ailes de l'aurore
pour habiter au-delà des mers,

10 là encore, ta main gauche me conduit,
ta droite me tient.

— Psaumes, 139, 9-10

***

2 N'oubliez pas l'hospitalité, car, grâce à elle, certains,
sans le savoir, ont accueilli des anges.

— Hébreux, 13, 2

***

11 Et tous les anges rassemblés autour du trône, des
anciens et des quatre animaux, tombèrent devant le
trône, face contre terre, et adorèrent Dieu.

— Apocalypse, 7, 11

***

16 Car ce n'est pas à des anges qu'il [Jésus] vient en
aide, mais c'est à la descendance d'Abraham.
17 Aussi devait-il en tous points se faire semblable à
ses frères, afin de devenir un grand prêtre
miséricordieux en même temps qu'accrédité auprès de
Dieu pour effacer les péchés du peuple.

— Hébreux, 2, 16-17

***

10 C'est ainsi, je vous le déclare, qu'il y a de la joie
chez les anges de Dieu pour un seul pécheur qui se
convertit.

— Luc, 15, 10

(Les anges sont très heureux de nous voir revenir vers Dieu.)

***

19 Dès maintenant, j'ai dans les cieux un témoin, je possède en haut lieu un garant.

— Job, 16, 19

***

6 On dit à l'homme vêtu de lin qui se tenait au-dessus des eaux du fleuve:
«Quand viendra la fin de ces choses étonnantes?»
7 J'entendis l'homme vêtu de lin qui était au-dessus des eaux du fleuve; il leva vers le ciel la main droite et la main gauche, et il fit ce serment par Celui-qui-vit-à-jamais [...].

— Daniel, 12, 6-7

***

8 L'ange du Seigneur campe autour de ceux qui le craignent, et il les délivre.

— Psaumes, 34, 8

(Notre ange gardien se fait proche lorsque nous respectons ce qu'il est et si nous croyons en lui.)

***

42 «Père, si tu veux écarter de moi cette coupe... Pourtant, que ce ne soit pas ma volonté mais la tienne qui se réalise!»
43 Alors lui apparut du ciel un ange qui le fortifiait.

— Luc, 22, 42-43

(Les anges nous soutiennent toujours dans les moments difficiles.)

***

17 Ta servante s'est dit: «Puisse la parole de mon seigneur le roi contribuer à l'apaisement. Car mon seigneur le roi est comme l'ange de Dieu: il écoute le bien et le mal.»

— 2 Samuel, 14, 17

***

1 Après cela, je vis quatre anges debout aux quatre coins de la terre. Ils retenaient les quatre vents de la terre, afin que nul vent ne souffle sur la terre, sur la mer ni sur aucun arbre.
2 Et je vis un autre ange monter de l'Orient. Il tenait le sceau du Dieu vivant.

— Apocalypse, 7, 1-2

***

2 Le secours me vient du Seigneur, l'auteur des cieux et de la terre.
3 Qu'il ne laisse pas chanceler ton pied, que ton gardien ne somnole pas!
4 Non! il ne somnole ni ne dort.

— Psaumes, 121, 2-4

(L'ange gardien est toujours disponible pour nous aider.)

***

17 Manoah dit à l'ange du Seigneur: «Quel est ton nom afin que nous puissions t'honorer lorsque tes paroles se seront réalisées?»
18 L'ange du Seigneur lui dit:

«Pourquoi me demandes-tu mon nom? Il est mystérieux.»

— Juges, 13, 17-18

***

5 *Puis il se coucha et s'endormit sous un genêt isolé.*
Mais voici qu'un ange le toucha et lui dit:
«Lève-toi et mange!»
6 *Il regarda: à son chevet il y avait une galette cuite*
sur des pierres chauffées, et une cruche d'eau; il
mangea, il but, puis se recoucha.
7 *L'ange du Seigneur revint, le toucha et dit:*
«Lève-toi et mange, car autrement le chemin
serait trop long pour toi.»

— 1 Rois, 19, 5-7

***

21 *L'ange du Seigneur n'apparut plus à Manoah*
et à sa femme.
Alors Manoah sut que c'était l'ange du Seigneur.
22 *Manoah dit à sa femme: «Nous allons sûrement*
mourir, car nous avons vu Dieu.»
23 *Mais sa femme lui dit: «Si le Seigneur désirait*
nous faire mourir, il n'aurait accepté de notre main ni
holocauste ni offrande; il ne nous aurait pas fait voir
tout cela et il ne nous aurait pas, à l'instant,
communiqué pareilles instructions.»

— Juges, 13, 21-23

***

[1] Et je vis un autre ange puissant qui descendait du ciel. Il était vêtu d'une nuée, une gloire nimbait son front, son visage était comme le soleil, et ses pieds comme des colonnes de feu.

— Apocalypse, 10, 1

***

[6] C'est toi qui es le Seigneur, toi seul!
C'est toi qui as fait les cieux, les cieux des cieux et toute leur armée, la terre et tout ce qui s'y trouve, les mers et tout ce qu'elles contiennent.
C'est toi qui leur donnes la vie à tous, et l'armée des cieux se prosterne devant toi.

— Néhémie, 9, 6

***

[24] Le roi Nabuchodonosor les entendit chanter, il fut stupéfait et se leva précipitamment. Il prit la parole et dit à ses conseillers: «N'avons-nous pas jeté au milieu du feu trois hommes ligotés?» Ils répondirent et dirent au roi: «Bien sûr, ô roi!»
[25] Le roi répondit et dit: «Voici que je vois quatre hommes déliés qui marchent au milieu du feu sans qu'il y ait sur eux aucune blessure, et l'aspect du quatrième ressemble à celui d'un fils des dieux.»

— Daniel, 3, 24-25

(Notre ange gardien peut nous protéger des pires choses si nous lui demandons son aide.)

***

11 L'ange de Dieu me dit en songe:
«Jacob» — «Me voici», ai-je répondu.

— Genèse, 31, 11

***

15 Nos pères sont descendus en Égypte où nous avons séjourné de longs jours, mais les Égyptiens nous ont maltraités, nous et nos pères.
16 Nous avons crié vers le Seigneur et il a entendu nos cris : il a envoyé un ange pour nous faire sortir d'Égypte.

— Nombres, 20, 15-16

(Les anges veulent nous aider à sortir grandis d'une épreuve.)

***

40 Il me répondit:
«Le Seigneur en présence duquel j'ai marché enverra son ange avec toi et fera réussir ton voyage.»

— Genèse, 24, 40a

***

6 Puis la femme rentra chez elle et dit à son mari: «Un homme de Dieu est venu vers moi; son aspect était semblable à celui de l'ange de Dieu, tant il était redoutable. Je ne lui ai pas demandé d'où il était et il ne m'a pas révélé son nom.»

— Juges, 13, 6

***

9 Oui, Seigneur, c'est toi mon refuge!
Tu as fait du Très-Haut ta demeure,
10 et il ne t'arrivera pas de malheur, aucun coup ne
menacera ta tente,
11 car il chargera ses anges de te garder en tous tes
chemins.

— Psaumes, 91, 9-11

***

7 Comme ils sont les bienvenus,
au sommet des montagnes, les pas du messager qui
nous met à l'écoute de la paix, qui porte un message
de bonté, qui nous met à l'écoute du salut [...]

— Ésaïe, 52, 7

***

6 L'un des séraphins vola vers moi,
tenant dans sa main une braise
qu'il avait prise avec des pinces sur l'autel.
7 Il m'en toucha la bouche et dit:
«Dès lors que ceci a touché tes lèvres,
ta faute est écartée, ton péché est effacé.»

— Ésaïe, 6, 6-7

***

12 Il [l'ange] me dit: «Ne crains pas, Daniel,
car depuis le premier jour où tu as eu
à coeur de comprendre et de t'humilier
devant ton Dieu, tes paroles ont été entendues,

et c'est à cause de tes paroles
que je suis venu.»

— Daniel, 10, 12

(Lorsque nous avons un vœu sincère devant Dieu, notre ange répond toujours à notre appel.)

***

8 *J'ai eu cette nuit une vision: c'était un homme monté sur un cheval roux; il se tenait parmi les myrtes, dans la profondeur, et derrière lui il y avait des chevaux roux, alezans et blancs.*

***

1 *Voici, j'envoie mon messager. Il aplanira le chemin devant moi. Subitement, il entrera dans son Temple, le maître que vous cherchez, l'Ange de l'alliance que vous désirez; le voici qui vient, dit le Seigneur, le Tout-Puissant.*

— Malachie, 3, 1

***

27 *Alors il enverra les anges et, des quatre vents, de l'extrémité de la terre à l'extrémité du ciel, il rassemblera ses élus.*

— Marc, 13, 27

***

30 *À la résurrection, en effet, on ne prend ni femme ni mari; mais on est comme des anges dans le ciel.*

— Matthieu, 22, 30

***

4 Et , de la main de l'ange, la fumée des parfums monta devant Dieu, avec les prières des saints.

— Apocalypse, 8, 4

***

36 Mais ce jour et cette heure, nul ne les connaît, ni les anges des cieux, ni le Fils, personne sinon le Père, et lui seul.

— Matthieu, 24, 30

***

36 C'est qu'ils ne peuvent plus mourir,
car ils sont pareils aux anges: ils sont fils de Dieu
puisqu'ils sont fils de la résurrection.

— Luc, 20, 36

***

10 Ils passèrent ainsi un premier poste de garde, puis
un second, et arrivèrent à la porte de fer qui donnait
sur la ville : elle s'ouvrit toute seule devant eux.
Une fois dehors, ils allèrent au bout de la rue
et soudain l'ange quitta Pierre
11 qui reprit alors ses esprits: «Cette fois, se dit-il,
je comprends: c'est vrai que le Seigneur a envoyé
son ange.»

— Actes, 10-11a

***

*53 «Penses-tu que je ne puisse faire appel à mon Père,
qui mettrait aussitôt à ma disposition plus de douze
légions d'anges?»*

— Matthieu, 26, 53

***

*10 L'ange leur dit: «Soyez sans crainte, car voici, je
viens vous annoncer une bonne nouvelle, qui sera une
grande joie pour tout le peuple:*
*11 Il vous est né aujourd'hui, dans la ville de David,
un Sauveur qui est le Christ Seigneur;*
*12 et voici le signe qui vous est donné: vous trouverez
un nouveau-né emmailloté et couché dans une
mangeoire.»*
*13 Tout à coup il y eut avec l'ange l'armée céleste en
masse qui chantait les louanges de Dieu.*

— Luc, 2, 10-13

***

*24 Et j'entendis le bruit que faisaient leurs ailes
quand ils avançaient:
c'était le bruit des grandes eaux, la voix du Puissant.*

— Ézéchiel, 1, 24a

***

14 Satan lui-même se camoufle en ange de lumière.
15 C'est donc peu de choses pour ses serviteurs de se camoufler en serviteurs de la justice.
Leur fin sera conforme à leurs oeuvres.

— 2 Corinthiens, 11, 14a-15

(Il faut prendre garde aux faux prophètes qui proposent de nouvelles philosophies... car le Mal peut sembler être bien en apparence.)

***

8 Je restai donc seul et regardai cette grande apparition. Il ne me resta aucune force; mes traits bouleversés se décomposèrent et je ne conservai aucune force.
9 J'entendis le son de ses paroles; et lorsque j'entendis le son de ses paroles, je tombai en léthargie sur ma face, la face contre terre.
10 Et voici qu'une main me toucha; elle me mit, tout tremblant, sur les genoux et les paumes de mes mains.
11 Et l'homme me dit: «Daniel, homme des prédilections, comprends les paroles que je te dis et tiens-toi debout à ta place, car maintenant j'ai été envoyé vers toi.»

— Daniel, 10, 8-11

***

*14 Et, si éprouvant pour vous que fut mon corps,
vous n'avez montré ni dédain,
ni dégoût. Au contraire, vous m'avez accueilli comme
un ange de Dieu, comme le Christ Jésus.*

— Galates, 4, 14

***

*16 Car en lui tout a été créé.
Dans les cieux et sur la terre,
les êtres visibles comme les invisibles,
Trônes et Souverainetés, Autorités et Pouvoirs.
Tout est créé par lui et pour lui.*

— Colossiens, 1, 15

***

*22 Mais vous vous êtes approchés de la montagne de
Sion et de la ville du Dieu vivant, la Jérusalem céleste,
et des myriades d'anges en réunion de fête.*

— Hébreux, 12, 22

***

*1 Quand je parlerais en langues,
celle des hommes et celle des anges, s'il me manque
l'amour, je suis un métal qui résonne, une cymbale
retentissante.*

— 1 Corinthiens, 13, 1

***

*28 Il a calomnié ton serviteur auprès
de mon seigneur le roi. Mais mon seigneur le roi est*

comme l'ange de Dieu.
Fais donc ce qui te semble bon.

— 2 Samuel, 19, 28

***

32 Alors l'ange du Seigneur lui dit:
«Pourquoi as-tu battu ton ânesse par trois fois? Tu le vois, c'est moi qui suis venu te barrer la route car, pour moi, c'est un voyage entrepris à la légère.
33 L'ânesse m'a vu, et par trois fois s'est écartée de moi. Si elle ne s'était pas écartée devant moi, je t'aurais tué sur-le-champ, tandis qu'à elle j'aurais laissé la vie sauve.»

— Nombres, 22, 32-33

(L'ange gardien nous donne des signes concrets lorsque notre vie n'est pas conforme à l'Amour... et parfois des signes violents.)

***

11 Marie [Madeleine] était restée dehors, près du tombeau, et elle pleurait. Tout en pleurant, elle se penche vers le tombeau
12 et elle voit deux anges vêtus de blanc assis à l'endroit même où le corps de Jésus avait été déposé, l'un à la tête et l'autre aux pieds.

— Jean, 20, 11-12

***

15 Tous ceux qui siégeaient au Sanhédrin avaient les yeux fixés sur lui et ils virent son visage comme le visage d'un ange.

— Actes, 6, 15

***

28 L'ange [Gabriel] entra auprès d'elle [Marie] et lui dit: «Sois joyeuse, toi qui as la faveur de Dieu, le Seigneur est avec toi.»

— Luc, 1, 28

***

16 David leva les yeux et vit l'ange du Seigneur se tenant entre la terre et le ciel, ayant à la main son épée nue, tournée contre Jérusalem.

— 1 Chroniques, 21, 16a

***

11 Il chevaucha un chérubin et s'envola,
planant sur les ailes du vent.

— Psaumes, 18, 11

***

5 Auquel des anges a-t-il jamais dit:
Tu es mon fils, Moi, aujourd'hui, je t'ai engendré?
Et encore: Moi, je serai pour lui un père
Et lui sera pour moi un fils?

— Hébreux, 1, 5

***

4 L'homme me dit: «Fils d'homme, regarde de tous tes yeux; écoute de toutes tes oreilles; applique ton attention à tout ce que je vais te faire voir; car c'est pour te le faire voir qu'on t'a amené ici. Tu raconteras à la maison d'Israël tout ce que tu vas voir.»

(L'ange nous demande de témoigner de ce qu'il fait pour nous afin de rapprocher les humains de Dieu.)

— Ézéchiel, 40, 4

***

1 Les deux anges arrivèrent le soir à Sodome. Loth était assis à la Porte de Sodome. Loth les vit, se leva pour aller à leur rencontre et se prosterna le nez à terre.

— Genèse, 19, 1

***

7 Seigneur, Dieu des cieux, qui m'a pris de la maison de mon père et de mon pays natal, qui m'a parlé et qui m'a juré, en disant: «À ta race je donnerai ce pays!»; c'est lui qui enverra son ange devant toi, pour que tu prennes de là-bas une femme pour mon fils.»

— Genèse, 24, 7

***

Imprimé au Canada